The Entrepreneurial
History of

蓝光 BRC
创业史

四川蓝光发展股份有限公司　编著

西南财经大学出版社

四川·成都

图书在版编目(CIP)数据

蓝光创业史/四川蓝光发展股份有限公司编著. —成都:西南财经大学出版
社,2020.3(2020.10重印)
ISBN 978-7-5504-4210-8

Ⅰ.①蓝… Ⅱ.①四… Ⅲ.①股份有限公司—经济发展—概况—成都
Ⅳ.①F279.246

中国版本图书馆 CIP 数据核字(2019)第 252467 号

蓝光创业史
LANGUANG CHUANGYE SHI
四川蓝光发展股份有限公司　编著

总　策　划:李玉斗
策划编辑:王正好　何春梅
责任编辑:王正好
助理编辑:肖翀
装帧设计:墨创文化
责任印制:朱曼丽

出版发行	西南财经大学出版社(四川省成都市光华村街55号)
网　　址	http://www.bookcj.com
电子邮件	bookcj@foxmail.com
邮政编码	610074
电　　话	028-87353785
照　　排	四川胜翔数码印务设计有限公司
印　　刷	四川新财印务有限公司
成品尺寸	165mm×230mm
印　　张	19.5
彩　　插	16 页
字　　数	258 千字
版　　次	2020 年 3 月第 1 版
印　　次	2020 年 10 月第 2 次印刷
书　　号	ISBN 978-7-5504-4210-8
定　　价	66.00 元

《蓝光创业史》
编委会

1

2

1. 1989年10月8日，蓝光控股集团前身——成都市西城区兰光汽车零配件厂（以下简称"兰光汽配厂"）成立，杨铿（左二）任厂长。

2. 1990年，时任兰光汽配厂厂长杨铿（左二）向访客介绍产品。

3

4

5

3. 1991年，时任兰光汽配厂厂长杨铿深入生产车间第一线，严控产品质量关。

4. 1992年9月12日，"成都兰光房屋开发公司"成立，注册资金为200万元人民币。

5. 1993年6月12日，蓝光第一个地产作品——"兰光大厦"（后改名"蓝光大厦"）正式开工。

蓝光大厦 钱其琛

6. 1994年5月，时任国务院副总理兼外交部部长钱其琛到成都视察，并为"蓝光大厦"题字书名。1995年8月31日，蓝光大厦竣工。

7	8
9	10

7. 2001年打造的玉林生活广场，是当时成都人气最旺的商业项目。之后陆续开发了蓝色加勒比广场、香槟广场、耍都等在成都具有代表性的商业地产项目。

8. 2002年8月6日，蓝光参加成都市第一次土地拍卖会并成功拿地，史称"阳光第一拍"。

9. 2003年4月，在蓝光集团新总部举行了隆重的乔迁庆典活动，杨铿（后排右四）为活动剪彩。

10. 2004年1月9日，20万平方米的"蓝光·金荷花国际时装城"正式破土动工。2005年9月26日，蓝光·金荷花正式营业。

11. 2004年12月15日，蓝光集团首个住宅地产项目——御府花都开盘。

12. 2005年开始，蓝光陆续开发了富丽城、富丽锦城、富丽花城、富丽碧蔓汀等以"富丽"冠名的系列产品。

13. 2006年3月，蓝光旗下首个高端别墅项目——成都蓝光雍锦湾亮相。

14. 2007年5月，杨铿参访香港长江实业集团，与李嘉诚先生交流。

| 11 | 12 |
| 13 | 14 |

15

16

15. 2008年5月，蓝光向汶川地震灾区先期捐赠1 000万元人民币，随后又追捐1 000万元人民币现金和价值700万元人民币的物资，成为四川第一家向汶川地震灾区捐赠的民营企业。

16. 2008年11月，蓝光发起"冬衣助学行动"。

17

18   19

17. 2008年11月15日，重庆"十里蓝山"开盘售罄，完成蓝光进军全国的第一步。

18. 2008年11月25日，4 200亩的纯高端别墅社区——蓝光观岭国际社区开盘。

19. 2010年7月，蓝光第一个大型文旅地产项目——峨秀湖国际度假区亮相。

20	21
22	

20. 2010年8月28日，蓝光·公馆1881高端精品项目在成都亮相。同月，云鼎项目同时在成都和北京亮相，开启了蓝光地产高端品牌元年。

21. 2012年11月，成都首只地产基金"歌斐蓝睿"发行，成功募资5亿余元人民币。

22. COCO系刚需项目以惊人的速度在成都崛起，在2013年成为成都区域销售金额冠军。

23

24

23. 2013年5月，蓝光控股集团董事局主席杨铿向芦山地震灾区捐赠2 000万元人民币，用于灾区两所学校的重建。

24. 2015年4月16日，蓝光发展（600466.SH）正式在上交所挂牌上市。

25. 2015年10月，量子基金创始人、世界著名投资家罗杰斯先生从新加坡飞赴四川成都，与杨铿交流。

26. 2018年9月，蓝光在雅安芦山地震灾区援建的两所学校的升建工程竣工，蓝光集团已先后捐赠2 500万元人民币专项支持这两所学校的建设和发展。

27. 2018年11月2日，在蓝光第四届员工日上确定了每年的10月31日为"蓝光公益日"。

25	
26	27

雍锦系

黑钻系

28. 2019年，蓝光六大产品系迭代创新并亮相。8月和9月，芙蓉系连续荣膺"2019中国房地产企业产品品牌TOP1"和"2019中国房地产优秀原创产品品牌"第一名。

长岛系

未来系

商办系

芙蓉系

29　　29. 2019年9月20日，蓝光发展在上海总部举行入驻仪式，从此形成了"上海+成都"的双总部格局。

30　　30. 2019年10月，蓝光嘉宝服务（2606.HK）在港交所主板上市，蓝光构筑起"A+H股"的双资本平台。

序言一

蓝光的气场

北京的一个冬日，银杏叶子即将黄透。午后闲暇，我在德胜门附近散步，抬头一看，阳光正好，景致正浓，心情大好。手机滴滴一响，收到成都老友一条微信，原来是蓝光创始人杨铿先生发来的："老哥，蓝光 30 周岁了，准备出本书，先发您看看，帮提提建议。"

这条信息，把我瞬间拉回到近 20 年前，我与杨铿第一次见面的场景。杨铿是知名企业家，大家喜欢叫他老杨。他和他创立的蓝光控股集团，在地产、生态、科技等领域有着广泛影响。他现在是全国人大代表，之前曾任多届全国政协委员。人和人是有缘分的。我们第一次见面，他热情豪爽，思维独特，自信而不张扬，给我留下了深刻的印象。

老杨是一个有气场的人，他的企业是一个有气场的企业。回忆与老杨交流、交往的细节，联想这 30 年他的快意潇洒与埋头苦干，我脑海里蹦出一个问题：老杨的气场、蓝光的气场，从何而来？翻开这本书，我大概有了一些答案。

成功、成长、成都

蓝光的气场，来自"成"。

这个"成"，是"成功"的"成"、"成长"的"成"，更是"成都"的"成"。"成都，都成"，这个意境很好。但凡企业和企业家，都离不开特定的时代和地方。谈到"商祖"白圭，我们会想到战国时期，想到名城洛阳，想到他的"人弃我取，人取我与"的经商理念。谈到稻盛和夫，我们会想到日本，想到日本战后的经济崛起，想到"热爱是点燃工作激情的火把"。谈到对冲基金公司桥水创始人瑞·达利欧，我们就会想到美国，想到他的《原则》。而谈起杨铿，我们就会想起成都，想起中国的改革开放，以后可能会想起这本书。

城市和企业家的关系是互相成就的关系，正是在成都这个"天府之国"的核心，老杨和他的企业扎根起步，取得成功，获得成长。正是从成都出发，他才走向四川、走向全国。一方水土一方企业，假如老杨的创业之旅起步于其他城市，他也极有可能创造一番精彩，但显然会是另外一种状态的精彩，可能是别的领域、别的感觉。我们都是时光的朋友，我们也都是一个地方的朋友。他的"金荷花""芙蓉""雍锦"等，包括"COCO"，都有很强的"成都感"。成都，在全国人的印象中，是一个古老富庶、充满故事、有精彩生活的地方。"成都"的"成"，是"成事"的"成"、"成就"的"成"。蓝光，在成都成事。

成都成就了蓝光，蓝光却不只属于成都。2019年9月开始，蓝光进入"上海+成都"的双总部时代。每个城市都有自己的味道、自己的位置。正如本书所说，蓝光希望抢占上海这个战略与品牌高地、财务与资本高地、投资与市场高地、人力和科技高地。蓝光有渴望与更多标杆企业同台竞技的决心和勇气，向市场展示了一个"进击的蓝光"。成都和上海各有优势，后者目前在全国、全球的政治经济版图中占有更高的位置和更重的分量。但我想，无论上海的蓝光总部如何持重、如何关键，老杨永远不会忘记成都，不会忘记玉沙路、春熙路，不会忘记 1989 年 10 月 8 日蓝光的前身"兰光汽车零配件厂"成立的日子。这就像父母养了孩子，孩子也会离家闯荡世界，但却不会忘记家的方向。

生产、生意、生活

蓝光的气场，来自"生"。

这个"生"是"生产"的"生"、"生意"的"生"，更是"生活"的"生"。生生不息者，才有气场。最早，老杨还是小杨时，在国企工作，从生产车间到创立汽车零配件厂，是他走出的关键一步。正如作家路遥所说，人生的道路虽然漫长，但紧要处常常只有几步，特别是当人年轻的时候。走对了，生机无限。时代给了机会，干吗不迈出一步呢？当然，从稳定的国企到未知的市场，这要勇气。真正的企业家，往往兼具发现机遇的眼睛和勇抓机遇的双手。

本书中有一段细节描写充满了情感，让人会心一笑："1992 年，在成都玉沙路 64 号，蓝光实现了在 723 摄氏度下铬钒钛铸铁的核心技术。一群人在杨铿的带领下，激情满满，骨子里坚韧与勇敢被唤醒。蓝光从一开始就具有敢于突破、锐意创新的勇气。"

是啊，"激情满满，骨子里的坚韧与勇敢被唤醒"，这正是那个年代给人的感受。很多人走过那个年代，而老杨拥有那个年代。创业没几年，蓝光很快就从制造业走向地产业。1995 年，春熙路上的"26 层楼"，是"成都兰光房屋开发公司"① 成立以来的第一个代表作。再然后，在成都乃至全国地产圈，蓝光成为一个不可忽视的存在。回忆人生，我也常想，当一个人在某个领域取得成功时，常会局限在一个圈子，而不愿跳到新圈子。老杨不然，他搞汽车配件很成功，却要跳出去做地产，实现转轨。在成都做得好好的，还要去全国看看。这也是顺应时代潮流，不断创新、改变。

"蓝光梦想成为一个能够改变人们生活的企业。它的'求变'无处不在。它从呆板的教条和法则中跳出来，从成功中吸取经验，从失败中吸取教训。"做地产，本质上是服务人的生活。说易做难。所有的"满意"，背后都是摸爬滚打，历经考验。蓝光的诞生地成都，是一座懂生活的城市。"更懂生活更懂你"，这大概是老杨和蓝光的初心。成功的企业家，需要不迷失方向。不只房地产，很多行业都一样。从人性出发，创造出更"懂你"的产品，构建人与物之间的情感关联，都是要努力的方向。

快速、快车、快乐

蓝光的气场，来自"快"。

"快"是"快速"的"快"、"快车"的"快"，更是"快乐"的"快"。翻看这本书，一个体会是：蓝光发展太快了，做事快，盖房子快，想法落地快。从某种意义上说，蓝光搭乘了时代快车，改革开放就是这辆超大的快车。这辆快车上，蓝光长袖善舞，快乐前行。回想与老杨交往的细节，我有个很深的感受：如果自己不快乐，看不到希望，如何让同事、让服务对象快乐并看到希望？许多人留在蓝光，都

---

① 1994 年，"兰光"正式改名为"蓝光"。

是因为老杨。在蓝光工作，他们搞生产、做生意、享生活，感受了创业和创造的快乐，充满了希望。

老杨"是一个能量很足、精力旺盛、思维敏捷、行动力极强的人，并且不拘小节，十分随和"。他会走进总工程师陈乃鸿的办公室，问道："陈大爷，有没有吃的？我饿了。"而陈乃鸿眼皮也不抬一下，专心用放大镜查看资料上的照片，指尖轻敲桌面，说："抽屉里有的是，随便拿。"在蓝光工作很惬意，"冬天大家端着几只旧茶缸，一起围着烤火盆；夏天有可能转移到路边的烧烤摊，边喝啤酒边拍打叮人的蚊子。说是开会，说完正事后，大家就天马行空放开聊，许多产品、工艺流程、工厂管理的创新点子常常就在这每天不断的例会上产生。"

人的创造性从何而来？固然，从长期磨炼、催逼中来。但更多是从一种舒适放松的状态中来。之所以能产生这种状态，与企业文化密切相关，与创始人关系很大。阿里巴巴有"花名"文化，创始人马云叫"风清扬"，现任董事长张勇是"逍遥子"。我看，蓝光有"摊摊"文化——"不然去麻辣烫摊摊（四川方言，意指摊位）上聊？刚发了工资，我请客。"这是蓝光的创业者们特别喜欢的一种表达，爽快、利索，有人间烟火味。这是一种不见外的感觉。大家之间互相见外了，企业的管理可能也就到瓶颈期了。我有时候想，老杨的企业这么大，现在还像以往那样充满活力，还这么不见外吗？真希望它永远没有大企业病，永远让人有希望、很快乐。

蓝光、蓝天、蓝图

蓝光的气场，来自"蓝"。

这"蓝"是"蓝光"的"蓝"、"蓝天"的"蓝"，更是"蓝图"的"蓝"。从名字看，"蓝光"，蓝色的光焰，这是车间师傅最熟悉的感觉，这个名字暗合了它的出身，也极具想象空间。一般人可能不太熟，蓝光现在做的事，不只地产，也不只科技，还和"蓝天"有关。党的十八大以来，"绿水青山就是金山银山"的理念深入人心。蓝光嗅觉敏锐，2016 年以来，"打造万亿级产业生态链"多次成为蓝光控股集团内部会议的主题。进军生态，是后房地产时代背景下蓝光突围市场的一个战略决策。

稻盛和夫说："你心中描画了怎样的蓝图，决定了你将度过怎样的人生。"在老杨心中是有蓝图的。我想，这蓝图起初可能不太清晰，但现在越来越清晰了。人在时代潮流中成长拼搏，也参与了对时代的形塑。顺应时代洪流，参与其中，这是老杨的一个特点。他和蓝光的蓝图，在他的脑海中，也在他的眼前。站在上海虹桥世界中心新总部10 楼的露台上，老杨能够看到对面的国家会展中心，近在咫尺。

下一个 30 年，蓝光正在路上。如果说不改初心的信念，一往无前的勇气，顺应时势、洞察先机的战略眼光成就了过去的蓝光，那么成就蓝光未来的，仍将是这些因素。对中国来说，新时代，国家正在强起来；对世界来说，这是"百年未有之大变局"的时代；而对蓝光来说，在新时代和未知变局的面前，因有强大的气场，它丝毫不会怯场。

"蓝色的信念，像智慧和坚韧的灯塔，指引着我们——向前方。"老杨喜欢写诗，这句我最喜欢。

祝福蓝光，祝福老杨。

原人民日报社编委、海外版总编辑

张德修

2020 年 1 月

序言二

从创业到创新

杨铿喜欢诗歌，他的商业哲学因此充满了浪漫的味道。在优秀的中国企业家群体中，杨铿有些与众不同。

改革开放 40 多年，中国经济取得了令世界瞩目的发展成就。像杨铿一样，众多的民营企业家怀揣创业创富的梦想，冲破了时代的束缚，成为改革开放的重要开拓者、建设者和创造者。自然，他们也是改革开放的主要受益群体。

40 年铿锵前行，不负韶华。

今天，中国的社会经济已进入结构性调整及转型升级的新时代。以往的发展模式和成功要素，或许要因新的社会经济发展愿景、目标、战略及方式，做出大幅度的调整或修订。一些产业和企业，或许要做出革命性的改变。

全球经济同样正处于多重变革与拐点相汇集的大变局时代，突出的变革内容包括经济发展模式、一系列颠覆性技术及创新、投资与贸易体系、国家治理与社会契约关系、地缘政治、可持续发展的挑战等等。同时，中、美两个经济大国的竞合关系已经微调。在全球化发展日趋紧密但又复杂多变的今天，作为全球第二大经济体，中国的伟大复兴必然会承载越来越多的全球性因素。

对于中国的企业家，特别是民营企业家而言，在国内外发展环境同时产生剧烈变革的背景下，用"顺势而为"的惯性思维去理解和洞见未来，或许将难以应对变革与挑战。在改革开放中奋斗、创业创富的企业家，应以新视野、新格局、新思维、新策略去思辨未来。改革开放是一条未尽之路，也是一条从创业创富到创新变革的全新道路。

从整体来看，未来的商业领袖应具备三种特质：第一，在全球视野下对全球资源进行整合的能力与担当；第二，拥抱、推动和引领重大科学技术和商业模式创新；第三，重视社会创新，重新界定企业的社会责任，能够在解决诸如收入与财富分配不均、社会流动性下降与可持续发展成本增加等重大社会问题方面扮演重要的角色。

对于中国的企业家而言，最大的挑战之一是如何拓宽自己的全球视野以及如何履行自己的全球责任。从全球化的参与者、合作者到全球化的引领者与创新者，要塑造和增强中国的全球领导力，首先要构建中国企业领军人物的全球价值对接能力和全球领导力。同时，也需要探索中国企业的全球化发展之"道"——中国企业的全球化崛起代表什么？意味着什么？明确中国企业发展的全球化之道，建立中国企业之全球担当，是中国应对全球大变局、构建"以全球应对全球"的竞合格局，以及成功推动"一带一路"建设的必要条件。

道的修炼，离不开人文底蕴和企业家心态的调整。在心态上，企业家要稳得住，追求宁静以致远。在企业的价值取向上，超越对财富的一味追求，要为利益相关者谋福利，为国家和民族的发展和复兴贡献才智。

《蓝光创业史》这本书是对创业者的总结，但透过其中，我们看到了创业者对未来的思考，以及致力于依靠创新推动社会进步的探索。杨铿的浪漫主义精神造就了他心态上的开放与包容，这是一种难得的进步力量。也如杨铿所讲，企业的发展像一场马拉松，勇敢顽强者胜，善于思变者胜，强者胜，勇者胜，坚韧者胜！持之以恒的奋斗精神、为了理想勇往直前的浪漫主义情怀，是对蓝光追光者的真实写照。

长江商学院教授及创办院长

中欧国际工商学院第一批（七名）核心教授之一

项　兵

2020 年 1 月

前　言

大国崛起，民营经济崛起。中国改革开放给民营经济的发展提供了更加广阔的舞台。30 年前，一束蓝色的光芒破空而来，蓝光①的故事长卷从此展开。

这是一位企业家和一群追光者不断奋斗的创业故事。

从创立汽配厂到进军房地产市场，从 A 股重组上市到 H 股分拆上市，从四川蓝光到中国蓝光……一路走来并非一帆风顺，但蓝光人从未改变初心。因为他们深信：企业的发展像一场马拉松，勇敢顽强者胜，善于思变者胜，强者胜，勇者胜，坚韧者胜！要有锐意进取的企业家精神，要有坚定不移的奋斗目标，还要有铿锵如歌的浪漫主义情怀。

这是一个民营企业和时代一起成长与发展的故事。

从"初创开拓"到"区域深耕"，从"全国布局+产业金融"到"新经济转型的稳健发展"，蓝光始终把握时代的发展规律，顺应行业的发展趋势，稳步前进，成为市场经济中民营企业的样板之一。

蓝光因改革开放而生，并顺应改革开放的潮流而发展。蓝光在发展过程中的每个里程碑事件，都清晰地印证了蓝光的成长轨迹。

---

①　蓝光投资控股集团有限公司，简称蓝光控股集团或蓝光集团，本书中简称蓝光。

1990—2000 年：初创开拓时期

20 世纪 90 年代，邓小平南方谈话推动了中国的改革开放，进一步解放了思想。住房制度改革正式启动，开辟了一个前景广阔的市场。顺应时代发展，蓝光创始人杨铿下海创业，开始了从制造业向房地产业发展的初创开拓之旅。

1992 年，在成都玉沙路 64 号，蓝光实现了在 723 摄氏度下铬钒钛铸铁的核心技术。一群人在杨铿的带领下，激情满满，骨子里坚韧与勇敢的特质被唤醒。蓝光人从一开始就具有敢于突破和锐意创新的勇气。

1995 年，春熙路上的"26 层楼"，是"成都兰光房屋开发公司"成立以来的第一个代表作。这标志着蓝光从制造业开始走向房地产业。

2000—2008 年：区域深耕时期

随着"福利分房"政策的取消，住房市场化改革步伐加快，中国房地产行业迎来了黄金机遇。蓝光确立了"以房地产为主业，深耕商业地产，进军住宅产业，不断拓展产业布局，丰富产品形态"的战略。

从 2000 年开始，伴随成都玉林生活广场和蓝色加勒比两大标杆商业项目的巨大成功，蓝光进入了一个崭新的商业地产时代。"双满意"核心理念的提出，使蓝光坚定地选择以市场、业绩和客户价值为导向的发展模式。

2002 年，在四川省第一宗国有土地拍卖会现场，蓝光力压对手，斩获两块地，被称为蓝光的"阳光第一拍"。蓝光胜出的不仅是报价，更是集市场效率、开发能力、信用度等为一体的综合实力。

2004 年，成都城北火车站附近的一朵"金荷花"破土而出。10多年来，它的发展跌宕起伏，充满坎坷。但它终究是成都商贸发展史上的里程碑，是整个西南地区批发市场的标杆，它证明了蓝光商业地产的品牌实力与超前的战略眼光。

2004 年，"金色夏威夷"发生的管理与监督失控事件，暴露了蓝光在物业管理上的问题，也让蓝光下定决心通过招标方式来选择确定物业管理公司。这些挫折虽然让蓝光感到阵痛，但为蓝光的健康成长埋下了种子。

2004 年年底，蓝光首个住宅地产项目——御府花都开盘。这一年，摆在地产商面前的不仅有商业地产，还有住宅地产。从这一年起，"转向住宅，再创辉煌"成为蓝光的战略选择。

2008 年，"5·12"汶川地震发生后，蓝光第一时间捐款 1 000 万元人民币，成立志愿者团队，赶赴灾区并安顿受灾人员。这一年，是彰显中国慈善力量的一年，也是蓝光公益模式进一步发展的一年。

2008—2019 年：全国布局+产业金融时期

中国资本市场的发展，为房地产行业注入了强大动力。在行业资本和金融资本的推动下，中国房地产行业蓬勃发展，规模化效应凸显。蓝光也开始了全国化进程，进入产业金融时期。金融市场和资本市场的助力，加速了蓝光的崛起。

2008 年 11 月 15 日，重庆"十里蓝山"开盘售罄，蓝光迈出了进军全国的第一步。在重重压力下，蓝光凭借速度与胆识，在楼市里激流勇进，谱写了新的篇章。

2010 年，峨秀湖国际度假示范区惊艳亮相，开启了蓝光的文旅元年。这是蓝光精心打造的一件艺术品，每个细节、每个场景，都倾注了蓝光人的情怀与希望，体现了蓝光的创新精神和强烈的企业责任感。

2010 年，也是蓝光地产高端品牌元年。云鼎项目同时在成都和北京亮相，更加令人惊叹的是"公馆 1881"。蓝光用品质过硬的产品，向市场发声：蓝光不仅在刚需市场游刃有余，也能在精装高端市场一鸣惊人。

2011 年，蓝光提出了在内部进行"全面改革"的战略目标，正式踏上"二次创业"的道路。这表明了蓝光不仅要做领跑者，更要做破壁者。

2012 年，蓝光"COCO 系"横空出世，创造了楼市奇迹。它以"一月一开盘"的节奏体现了其"高周转模式"下的企业执行力，同时也开创了"产品标准化"的全新起点。

2015 年 4 月 16 日，在经历种种挫折后，"蓝光发展"正式在上海证券交易所成功重组上市。蓝光终于驶上了资本市场的快车道，彻底改换了一种活法。

2016 年以来，"打造万亿级产业生态链"多次成为蓝光控股集团内部会议的主题。进军生态，是后房地产时代背景下蓝光突围市场的一个战略决策。在快速发展的同时，蓝光看清了行业和市场的趋势，开始以筑造生态人居的美好生活为目标。

2018 年 6 月 22 日，蓝光正式发布了全新的品牌主张——更懂生活更懂你。这是从人性的角度出发，创造出更"懂你"的产品，构建人与物之间的情感关联。建中国的房子，给中国人以温暖，"善筑中国温度"的产品主张也应运而生。

2019年5月，蓝光当选中国慈善联合会第二届理事。这是一种荣誉，也是一种肯定，是蓝光十年如一日对公益事业投入的结果，是蓝光在赈灾扶贫、教育扶智、产业扶能、全民公益的道路上留下的清晰足印，充分体现了一个企业的社会责任感。

2019年至今：进入新经济转型的稳健发展时期

随着中国经济进入新时代，满足人们对美好生活的向往成为时代的要求，中国房地产业也进入万物互联的智慧化时代。蓝光运用新经济思维和互联网逻辑，不断进行产品创新，在智慧人居方面引领行业发展。

蓝光是行业信息化、数字化、智能化的顺势者，也是探索者和进攻者。未来已来，以变迎变。蓝光在新经济的征程上，将保持奋进的姿态，稳步向前。

2019年8月，蓝光历时多年打造的六大产品系——雍锦系、芙蓉系、未来系、黑钻系、长岛系及商办系正式登台亮相。用匠心筑初心，这个"不忘初心，方得始终"的过程，不仅是对"更懂生活更懂你"的承诺，也是对"善筑中国温度"的践行。

从2019年3月到2019年年底，蓝光分三个阶段进行了一场组织变革。围绕"精总部"和"强区域"两条主线，从"使命之变"到"量级之变"，再到"逻辑之变"，为自己的未来绘制了一幅崭新的战略蓝图。

2019年9月20日，"蓝光发展"正式入驻上海总部，形成"上海+成都"双总部。蓝光希望抢占上海这个战略与品牌高地、财务与资本高地、投资与市场高地、人力和科技高地。这充分体现了蓝光与更多标杆企业同台竞技的决心和勇气，向市场展示了一个"进击的蓝光"。

2019年10月18日，"蓝光发展"旗下蓝光嘉宝服务（2606.HK）正式在香港交易所主板挂牌上市，构筑起了"A+H股"双资本平台。"蓝光发展"聚焦于住宅地产开发和现代服务业，将资本运作与实业经营相结合，使"智慧化美好生活服务商"的定位更加清晰。

2011年，蓝光创始人杨铿在其诗歌《向前方》中写道："蓝色的信念，像智慧和坚韧的灯塔，指引着我们——向前方。"坚定的蓝色信念和一往无前的勇气，是对蓝光创业精神的准确描述和深刻提炼。

2019年，杨铿在其诗歌《本色浪漫》中写道："企业的发展像一场马拉松，勇敢顽强者胜，善于思变者胜，强者胜，勇者胜，坚韧者胜！"持之以恒的奋斗精神和为了理想勇往直前的浪漫主义情怀，都是对蓝光追光者的真实写照。

过去的30年，蓝光故事非常精彩。但这仅仅是一个序幕。今日的蓝光，开创了"产业+财务资本化+科技"的三核推动型战略局面，利润与规模并重，实现高质量增长，正在努力成为一个更加优秀的上市公司。

30岁之后的蓝光，必定有更加精彩的故事。

编者

2020年1月

目　录

第一章 蓝色火焰

（1990—2000 年）

1990 年，成都。

一个年轻人被车间里钢花四溅的情景震撼了。高温淬炼迸发出的蓝色火焰，点燃了他实业报国的梦想。

自此，蓝光开始了它的光辉岁月。

在 1992 年的成都玉沙路 64 号，蓝光实现了在 723 摄氏度下铬钒钛铸铁的核心技术。一群人在杨铿的带领下，激情满满，骨子里坚韧与勇敢的特质被唤醒。这样的精神与品质，是蓝光的魂。

住房改革兴起，蓝光把握住了时代的脉搏，成立了房屋开发公司，进军前景广阔的房地产市场。

1995 年春熙路上的 26 层楼，是"成都兰光房屋开发公司"成立以来的第一个作品。蓝光从制造业走向地产业，逐步实现梦想。蓝光从此迈开了进军地产的步伐。

第一节 | 蓝光往事：玉沙路 64 号和 723 度

玉沙路 64 号

1992 年秋天，傍晚时分，一场几分钟的过路雨让道路变得泥泞。

几位骑手驾驶着"嘉陵"牌摩托车蹚过一片泥泞。泥点溅到肩膀上和头盔上。在发动机的轰鸣声中，骑手们大声交谈着。

"安逸，昨天才洗了车子。幸好今天铬、钒、钛的比例掌握得巴适（四川方言，意指很好），一次就对了。"

"就是，那个晶体结构看起来太漂亮了！"

"过了这个凼凼（四川方言，意指水坑）就对了！快点，老杨在等我们。"说这句话的骑手已经率先通过了泥泞，一溜烟地向玉沙路方向疾驰而去。

在玉沙路 64 号的阁楼里，倪爱红正安静地坐在办公桌前，她的面前是一个算盘、一本摊开的账簿和一支钢笔。再过一会儿，厂里的职工会陆续来领工资。这天是 15 号，成都市西城区兰光汽车零配件厂雷打不动的发薪日。此刻，她已经准备好现金，并且来回数了好几遍。

这一年，倪爱红 23 岁，学工业外贸专业的她，大学毕业后放弃了出国和当兵的机会，舍弃了央企入职的机会，选择来这个生产和销售汽车零配件的民营企业当会计。很多人对倪爱红这样的选择感到不理解。"没关系，"她常常自我调侃说，"自己理解就好了。"

对她来说，1992 年是一个特殊的年份，这一年她刚从大学校园步入社会，一切都是那么新鲜且充满挑战。

老杨面试录用她之后，让她先去沙河堡的工厂车间实习。倪爱红家境很好，形象斯文清秀，但很能吃苦。被录用的第二天，她蹬着

"20 圈"自行车从市中心骑到沙河堡，开始了刷缸套的实习生活。车间条件艰苦，倪爱红被工人师傅们一丝不苟的敬业精神触动了。多年后，在车间实习的情景依然历历在目：毛坯件的粗粝与坚硬，隔着帆布手套也能感觉出来；布满红砖墙的爬山虎在风中自在轻盈地摆动；每天灰头土脸，头发也乱糟糟的，但心中仿佛总有歌声。

后来，倪爱红正式回到玉沙路的阁楼上当会计，每天目睹"坐办公室的"和"车间里的"同事们热火朝天的忙碌身影，她明白了"血汗钱"三个字的分量。

她同样明白，成都市西城区兰光汽车零配件厂的职工不光是为了挣一份工资而工作，更有一份责任与使命的召唤。对这一切的感悟，也许和把她招聘进来的老杨有莫大的关系。这个能如此影响员工的老杨，又是怎样一个人呢？

老杨其人

许多人留在兰光，都是因为老杨——兰光的创立者杨铿。他是一个能量很足、精力旺盛、思维敏捷、行动力极强的人，他不拘小节，十分随和。比如，他走进总工程师陈乃鸿的办公室，问道："陈大爷，有没有吃的？我饿了。"

陈乃鸿眼皮也不抬一下，专心用放大镜查看资料上的照片，指尖轻敲桌面，说："抽屉里有的是，随便拿。"

老杨拉开抽屉，拿出一袋葱油饼干，问："又在研究什么？"

"查一下各种车子的资料，看有没有办法再多设计几种规格的气缸套。"

"看看也好，多看看进口车的。"老杨说完，咬着半块饼干出去了。不久，楼下便会习惯性地传来阵阵摩托车轰鸣声。

这是兰光的老规矩：每天傍晚时分，沙河堡加工厂和洪河乡铸造厂的核心管理人员都要回到玉沙路的门市部开例会，讨论生产、销售目标的进展。距离相当长，没有快速通道，公司组织了摩托车队，有五六辆。陈乃鸿则每天骑自行车上班。冬天大家端着几只旧茶缸，一起围着烤火盆；夏天有可能转移到路边的烧烤摊，边喝啤酒边拍打叮人的蚊子。说是开会，说完正事后，大家就天马行空放开聊，许多产品、工艺流程、工厂管理的创新点子常常就在这每天不断的例会上产生。

最先走进门市部的是蒲鸿。他摘下防风镜，捋了捋头发，除了眼周一圈，整张脸都脏兮兮的。

"像个皮蛋一样。"跟在后面的尹尔瞻笑评自己的造型，他浑身沾满了泥点，两条裤腿变得又直又硬。

"真的吗，老杨？有外商要跟我们合资？"一位搞技术的管理人员按捺不住向老杨发问。他不太相信这是真的。虽然兰光生产的铬钒钛铸铁气缸套已经打开了全国市场，知名的微型车品牌哈飞、长安、五菱宏光等都和兰光签了订单，但是兰光真的能吸引到技术更先进的海外同行吗？

气缸套的黄金时代

1990 年，中国改革开放风生水起，初见成效。电视新闻里、收音机里、报纸上频频传来下海自主创业的消息。"万元户"这个新名词和崔健的《一无所有》同时震荡着人们的内心。时任成都工程机械集团技术开发部主任的老杨放下"铁饭碗"，下海了。他在玉沙路 64 号租了一栋两层楼的旧民房，注册了"成都市西城区兰光汽车零配件厂"，开始出售汽车零配件。因为他辞职之前，已经看到汽车工业的兴起，相信这个能够带动国家交通事业发展的朝阳行业充满了机会，将给人们的出行习惯和生活质量带来巨变。

▲ 蓝色控股集团前身——成都市西城区兰光汽车零配件厂

除了想改变体制内一眼望到头的命运，他更想成就一番事业。他不仅想成就个人的事业，更想集结更多志同道合者共同奋斗，就像兰光这个名字——拥有蓝色的光，明亮、智慧、像灯塔，吸引关注的目光，照亮前行的道路。

门市部经营了一段时间，时常有人来问："有奥拓的气缸套吗？"人们满怀希望而来，失望离去。问的人多了，老杨心想：为什么不自己生产奥拓车的气缸套呢？他又想，既然生产气缸套，为什么不直接占据技术制高点，让企业拥有领先技术和可持续发展的起点呢？他决心设计出最好的奥拓气缸套。

老杨从前是机械车间主任，有一定的技术背景。他仔细研究了奥拓发动机，在分析比较了市面上的气缸套之后，他迅速租用了四川省农业科学院的旧房子做厂房，请来了红旗柴油机厂的内燃机总工程师，在恶劣的条件下，共同研发出铬钒钛铸铁这种新型材料的冶炼工艺。铬钒钛耐磨，耐高温，组织密度严密。经过无数次实验和改进，铬钒钛铸铁气缸套的品质远胜于市场上的同类产品。

新产品上市销售必须经过技术鉴定，这就是1991年3月15日在四川省专用汽车制造厂分管技术的陈乃鸿被请到兰光来的原因。老杨迫切需要机械制造领域的专家陈乃鸿在技术鉴定方面提供有力的支持。

"太让我吃惊了。所有的设备只是两台车床、一台磨床、一台镗缸机和一台压床，"陈乃鸿清晰记得当时走进沙河堡加工厂时的情景，"还都是从国企淘汰下来的，破烂不堪，不像样子，但他居然靠着这些人家不要的废铜烂铁把技术如此领先的产品做出来了，这非常不简单，简直是一个奇迹。"

"怎么想到要生产铬钒钛铸铁气缸套？"陈乃鸿看了看手中打磨得十分漂亮的气缸套，又瞥了一眼破旧的机床、斑驳的砖墙，更加惊叹："这太不可思议了！"

"汽车这个行业大有可为。我们要做，就做不可替代的，这样才有竞争力。"

"你们是怎么把铬钒钛冶炼出来的？"

"请了人才啊！"老杨笑笑，"一遍遍试，动脑筋，不怕失败就一定能做出来。"

兰光汽配厂在这种现实的条件下，要想通过技术鉴定，几乎是不可能的。"但是杨铿的热诚邀请，以及他的人品和执着的创业拼搏精神，感动了我。"陈乃鸿回忆说。

陈乃鸿觉得眼前这位年轻人身上有一种难能可贵的、百折不挠的劲头，正是这种精神吸引了年近六旬的自己和他一起做这件事。

接下来，陈乃鸿带着厂里的技术骨干，一起编制工艺规程，设计工夹，添置量具。陈乃鸿还在四川省图书馆查找了包括进口和国产在内的各种型号的汽车资料，编辑了 8 种车型气缸套产品的目录并赶印成册。

1990 年 4 月 17 日，在成都沙河堡附近的望江宾舘，召开了兰光汽配厂铬钒钛铸铁气缸套新产品技术鉴定会。"参加技术鉴定会的专家和政府人员，由我邀请。"陈乃鸿说。技术鉴定获得一次性通过，政府相关部门颁发了铬钒钛铸铁气缸套技术鉴定证书。全厂为之欢腾。

由此，杨铿不愿放走陈乃鸿，并正式聘他为工厂的总工程师。

"还不够，我们还要申请发明专利，把这个技术保护起来。"老杨似乎早想好了这一步。为提高兰光气缸套的市场知名度并促进畅销，陈乃鸿负责向专利部门申请《铬钒钛铸铁气缸套发明专利证书》。

1991 年秋天，铬钒钛铸铁气缸套发明专利申请成功。老杨把全厂员工请到部队招待所聚餐，当众宣布了这个好消息。所有人都很激动，很多人当晚都喝醉了。这是一次只有亲身经历过的人才明白的沉醉与释放。

欢庆的时光总是短暂的，更多的快乐与成就感常常来自劳作与奔波。是的，艰苦奋斗，本身就能带来愉悦感，因为众人朝着一个方向去努力，那一团朦胧而炽烈的光感召着每个人。老杨说，我们掌握了气缸套最先进的技术和工艺，全国各地跑在路上的微型车都可能会用我们生产出来的产品。这怎么能不让人激动？

当时，厂长杨铿、总工程师陈乃鸿以及工程师尹尔瞻等，不分职务高低，都成了推销员。他们奔赴天津、深圳等地，出席全国汽车配件营销会议、四川省新产品新技术展览会和深圳国际汽车新技术展览会。在这些展览会上，陈乃鸿亲自布展，这个总工程师还担当了解说员。

60岁的胡孝珍和其他销售、技术人员挤坐在同一张卧铺上，坐绿皮火车辗转各地，参加产品技术销售交流会。火车穿越千山万水，在夜色与晨曦中呼啸。火车听见了他们关于现在与未来的彻夜倾谈。

陈乃鸿和厂里的技术骨干陆续研发了能够匹配更多车型规格的铬钒钛铸铁气缸套，产品系列从一个增加到八个，几乎囊括了中国所有的微型车。

▲ 1991 深圳国际汽车新技术展览现场

从青岛订的 30 吨坯件运回厂里，每个重达 5 千克。老杨带头抱起两个径直往库房送去。所有员工见状纷纷放下手中的活，同老杨一起搬运，一趟趟往返，手磨出血了也顾不上处理。司机兼维修工罗宣成小跑着搬运，眼睛都湿了，他不晓得为什么身上一下子有了使不完的劲。

在罗宣成看来，这就是真正的蓝光精神，而这样的精神一直在蓝光传承。

1991 年，位于龙泉驿区洪河乡的兰光汽配厂铸造分厂开始启用。为了提高产品质量，陈乃鸿带领团队自行设计，制造出 6 台离心浇注机，利用其能够铸造出更光滑、组织密度更好并且没有气孔、砂眼和裂纹的坯件。离心浇注机和自产坯件让兰光建成了独立生产线，再次提升了铬钒钛铸铁气缸套的质量。

产品是最好的营销手段，兰光这个名字突然变得远近闻名。兰光接待过时任省长张皓若，副省长韩邦彦、蒲海清等；国外不少同行也慕名而来。和陈乃鸿第一次去沙河堡时的感受一样，产品质量和工作环境的巨大落差让他们错愕又感动。

这就是企业的起步阶段。在这一阶段，铬钒钛铸铁气缸套产品研制取得发明专利，并且畅销全国。

兰光似乎已经迎来了它的黄金时代，它还能走得更远吗？

艰苦中的坚守

老杨的发小蒲鸿相信这是真的。

蒲鸿和老杨从小玩到大，都学机械，同样满腔热血又理性沉着。

他 21 岁进了车间，4 年后当上车间主任，属于国企里的少壮派，但一样被老杨"拉下了水"。

在烧烤摊上，老杨跟蒲鸿分析改革开放带来的机会，讲民族工业的振兴与前景，也讲个人的机遇与抱负。蒲鸿听出来了，他想实业报国，并且要走一条不一样的路。蒲鸿和他有共鸣：这是一个一切皆有可能的时代，自主创业的吸引力太大了，下海创业不仅能让人免失机遇，而且能锤炼一个人的成色。

"我来了能干什么？"蒲鸿问。

"给你一个铸造厂，你当厂长，我们一起干一番事业。"老杨举起酒盅。

1991 年，蒲鸿辞职离乡，到成都龙泉驿区洪河乡当了铸造分厂厂长。很快，他感受到一种恨不得自己能多出几个分身、一天能多出几个小时的奋斗激情。

铬钒钛铸铁的核心技术支撑，是在 723 摄氏度，金属液晶体结构会发生巨大的变化。技术的重要流程，是从熔化的金属液中取样，置于金相显微仪下，观察它处于 723 摄氏度时的晶体结构，然后严格按照比例调整铬钒钛和铁的配比。

铸造厂里的一台大风扇常年运转，熔炉也总是在燃烧。耳边终日嗡嗡作响，时刻能感受到火舌和金属液的威力。即使是在盛夏，这里的职工也穿着厚实的工作服和大皮靴，脖子上搭着湿毛巾。当一天工作结束时，工人们脸上、手上都黑乎乎的，身上的汗水不知道被高温烤干过多少次，如同厂房周围的野草一样充满旺盛的生命力。

不过没人叫苦。能生产出全国最好的气缸套，这多带劲啊！

与艰苦条件形成强烈反差的，是靠墙码着的一排排整整齐齐、外观光洁的坯件。检验室也在这里，叮叮当当的敲击声像打击乐一般回荡在厂房上空。负责检验的工人师傅们，用一个个小锤子敲击坯件，凭借力度和声音来判断坯件的质量。坯件要判定为合格，至少要经过两次敲打检验。他们聚精会神地工作着，仿佛不远处的熊熊烈火和滚烫的金属液与自己无关。这种需要灵性、经验和判断力的奇特检验法，也是老杨独创。

吸引蒲鸿来到这里的，除了这份事业的前景，更是老杨这个人。他敢想敢干，言行一致，思维异于常人。他有一种相当独特的思维方式。比如在当时的成都，汽配销售商大多集中在纱帽街。但老杨不，他要独辟蹊径选址在远离中心地带的玉沙路，一是因为他有这个底气和自信，相信自己的产品；二是因为这可以节约办公成本。选择气缸套作为产业突破口后，他一定要琢磨出最好的技术，并在此基础上不断创新。创新作为一种基因，一开始就被植入了企业的血脉。

蒲鸿觉得，老杨就是兰光的气场，由不得你不相信他。所以，他心里已经选择支持这位朋友加战友的决策。

"不然去麻辣烫摊摊（四川方言，意指摊位）上聊？刚发了工资，我请客。"蒲鸿提议。

天色渐晚，路灯亮了，各类路边小吃摊陆续支开棚子，从室内搭接起瓦数很高的灯泡。食物的香味正在弥漫，人声鼎沸，这是人间的烟火。

"走，真饿了。"老杨仰头说，"小倪，工资发完了你叫上科室的人一起来，今天老蒲要请客。"

合作带来新契机

1992 年，注定不平凡。邓小平的南方谈话，拉开了中国新一轮改革开放的序幕。"发展才是硬道理"和"三个有利于"进一步解放了人们的思想。

"有外商找我们合作，不是很正常吗？"麻辣烫店的摊位上，老杨回答了那位技术骨干的问题。

"这个步子迈得有点大。"陈乃鸿最年长，但很多时候，他像船长身边的大副，透着干练和沉稳。

老杨笑了，说："我们做好了，自然有人主动找我们。你们想，以前大家都不知道兰光的大厂房，现在都来向我们订货了，谁能想得到？"一大碗热气腾腾的麻辣烫端上来了，老杨把它推到桌子中间。

倪爱红不好插嘴，但心里表示赞同。老杨爱看书，爱思考，那种学习的热情，连她这个厂里学历最高的"知识分子"都很佩服。她总觉得跟不上他的思路。

"专利还是我们的吗？"一位技术骨干依然心系铬钒钛铸铁气缸套。兰光是从气缸套起家的，就他个人来说，脑子里想的，图纸上画的，手里时常接触的，都是气缸套。他和一家人的吃穿用等，也都受惠于它。他对此有很深的感情，通过技术鉴定、取得发明专利时的欢笑和眼泪依然记忆犹新。

倪爱红情不自禁地说道："车间里那些师傅不会受影响吧？"兰光的职工队伍里，有不少残疾人。他们在兰光勤奋工作，拿着比其他单位同行更高的收入，逐渐恢复了自信。倪爱红有点担心，如果外商来了，他们还能不能继续留在厂里。

"不管以后做什么，和谁合作，想留下的人，就继续跟着我，一切照旧。"老杨端起酒杯说。

大家碰碰酒杯，饮尽杯中酒。

蒲鸿放下酒杯说："那还有什么好说的，干就是了。"

老杨对于兰光人，就像 723 摄氏度对于金属液，他不仅让兰光人保持激情和热情，更唤醒了他们与生俱来的种种优秀品质和潜力，让他们在积极、融洽的氛围中自我成长和进步。这些进化出的独特晶体，成为兰光最不可或缺、不可撼动的部分。这就是蓝光精神，是一颗渴望创造的赤子之心，是造梦者追逐梦想的灵魂。

【手记】

1989 年 10 月 8 日，成都市西城区兰光汽车零配件厂成立。1992 年 9 月 12 日，"成都兰光房屋开发公司"成立。1994 年年底，"兰光"正式改名为"蓝光"，下属公司全部改制。

这是一段蓝光往事，时间沉淀出无悔的初心，打磨出真挚的性情。

如果你知道了这段往事，就不会惊讶为什么蓝光总能一边安静地稳扎稳打，一边义执着地寻求突破。蓝光骨子里的创新意识，在 20 世纪 90 年代，在那几处老旧的厂房里，在 723 摄氏度的恒定氛围中，已经融入了蓝光的生命。

"两岸猿声啼不住，轻舟已过万重山。"你看，时间在作证。

第二节 ｜ 春熙路上的 26 层楼

【引子】

1992 年 9 月 12 日，成都市私营企业的名录里新增了一名成员——成都兰光房屋开发公司。

这家注册资金为人民币 200 万元的本土企业的前身，是已在制造业闯出一片天地的兰光汽配厂。

之前，北京等城市已公开出售黄金地段的商品房，但住房全面商品化的时代还未到来。当时的兰光创始人杨铿多次往返于成都与深圳、上海、海口等沿海城市。在了解了如火如荼的房地产市场及产业链条之后，他果断瞄准了充满更多机会的新兴领域——商用房。

这不是一个临时起意的决定。

从制造业到商业地产

1992 年，中国东南沿海地区经济高速发展，新生事物层出不穷。上海浦东新区，高达 88 层的金茂大厦正在筹建中；大量外来务工人员涌入深圳特区，一幢幢摩天大楼拔地而起。

而在中国的其他地区，经济发展依然相对落后。在这样一种不平衡的状态下，杨铿看到了机遇。

在市场经济背景下，消费者的需求无疑是潜在的利润增长点。企业如果能抓住机会，与时俱进，快速跃进，就能赢得市场先机。无论是城市的小商铺、灰暗破败的老式楼群，还是废弃多年的厂房，都让杨铿觉察到城市的基础设施建设已经赶不上时代发展的浪潮。

1992 年新年伊始，邓小平南方谈话让杨铿和他的兰光团队看到了希望。

公司转型后，地址从桂王桥迁往了租用的红星饭店办公点。每个员工都穿上了新的工装。但公司的核心理念没有改变。物竞天择，适者生存。杨铿希望每个蓝光人都要有强悍的内心和与之匹配的综合能力，要有猎手般的耐心与机敏以及对初心的忠诚。

在蓝光创业史中具有里程碑意义的蓝光大厦，正是在这样的背景下诞生的。

年过六旬的加盟者

1992 年冬天的一个早上，年过六旬的陈乃鸿和 20 出头的倪爱红处理完手头的工作后，到一个街区"观摩"拆迁；中午，演练与合作者的谈判过程；午后，便开始为漫长的"立项"奔波。直到夜里，他们还站在寒风中，等待一位开会回家的政府领导。他们需要与他约好次日见面的时间，为正在立项的蓝光大厦拿到批文。

民营企业修建商用建筑，立项手续繁多，需要过审核、拿批文、交费用、办交接。对他们这对老少搭档来说，每个环节都很陌生，需要快速适应。

夜里 10 点半，他们如愿以偿地等到了那位领导，达成了此行目的。

从陈乃鸿和倪爱红身上，可以看到所有蓝光人的影子。他们在企业创业初期，日夜奔波，身兼多职，边学习边适应。

在蓝光发展，高级副总裁蒲鸿被认为是项目报建方面的"师爷"，但蒲鸿认为陈乃鸿才是。当年为了蓝光大厦一个项目，陈老先生蹲守了无数个部门，盖了 360 多个章。

当时，成都二环路扩建工程已经启动，成渝高速公路正在向西北方向延伸。蓝光希望在成都最繁华的春熙路上修一栋 26 层的大厦，改变这座城市的"高度"。

兰光房屋开发公司还未成立时，杨铿已在寻找新的盟友。他们需要在专业领域拥有丰富的经验，才能出众，同时具有超前意识，并渴望成功。物质积累不是成功的最终目的，敢于变革才能赢得未来。

陈乃鸿被任命为总工程师、项目负责人。在陈乃鸿看来，转向房地产行业，是非常英明的决策。

李康兰是 1993 年"下海"到蓝光负责财务的。"一位'老革命'给我介绍杨铿，说他是一位很有事业心的年轻人，蓝光是一个很有发展前途的企业，让我跟着杨铿'下海'去闯。"李康兰回忆说。

李康兰到蓝光上班的第二天，就参加了全国汽车配件订货会。订货会就在成都举办，连续开了七天。李康兰吃住都在订货会的酒店，没有时间回家。但很快她就和这个企业一起，向另一个行业转型。

杜国定被蓝光返聘时，刚从原职位上退下来。他对市场法制化运作、企业合法经营的诸多想法，与杨铿如出一辙。

1993 年，第八届全国人民代表大会第一次会议修正了当时的《中华人民共和国宪法》，这是新中国成立以来的第二次修宪。这次修改将宪法第十五条"国家在社会主义公有制基础上实行计划经济"，修改为"国家实行社会主义市场经济";将第十七条"集体经济组织在接受国家计划指导和遵守有关法律的前提下,有独立进行经济活动的自主权",修改为"集体经济组织在遵守有关法律的前提下,有独立进行经济活动的自主权"。民营企业的生产经营得到了政府的支持,受到了法律的保护。

蓝光大厦作为公司的第一个项目,与四川省人事厅、锦城置业有限公司合作开发。1993年仲春,杜国定与另两家合作单位抽签,决定蓝光大厦三个部分的归属。

设计图纸上的蓝光大厦呈"L"字形,蓝光想要的部分正对东大街,紧临春熙路和盐市口交界处。

抽签结束,蓝光如愿以偿地抽到了"东大街朝向"。杜国定没有觉得蓝光运气好,他希望蓝光在"播种"之后能收获累累硕果,希望蓝光以一种阳光、乐观、健康的方式日益壮大。

张才维,曾任西南建筑设计院总工程师,离休后在蓝光任工程部总工程师,负责蓝光大厦的施工进度、成品质量和风控。他时常从清晨工作到深夜。如果不在办公室,他便在建材市场或是工地。

在蓝光,像杜国定、张才维这种离退休后被返聘的各界精英不在少数。他们为各自的事业奋斗了大半辈子,在本该享受天伦之乐的年纪,激情重被点燃。蓝光既严格又开放的人才观也形成于这一时期:"以德立信,以能致胜",不问年龄、性别、地域和背景,任人唯贤。这样的理念向蓝光的人才库不断输送新鲜血液,让蓝光保持凝聚力与活力。

从那时起蓝光就在网罗本土及外地的行业精英，并培养起一大批
商业地产行业人才。他们素质全面，抗压力强，敢打敢冲，为成都商
业地产的发展做出了巨大贡献。

在陈乃鸿的印象中，杨铿的特性是疑人不用、用人不疑。在红星
饭店办公期间，杨铿赴美国处理业务，把公司交给了陈乃鸿代管。陈
乃鸿组建了临时领导小组，成员包括蒲鸿、杜国定等。

"这说明，杨铿用人是给予高度信任的。"陈乃鸿说。

第一块里程碑

1993 年 6 月，成都市青羊区建筑工程总公司入场，由军区设计院
主持设计的蓝光大厦正式开工。

从那时起，挖掘机、推土机轮番上阵，重型卡车来回穿梭；头戴
安全帽的建筑工人在脚手架上辛勤劳作。

然而，从汽配行业走到房地产行业，这并不是一个容易的过程。

当时公司的资金有限，七拼八凑仅有几百万。通过陈乃鸿办理法
定手续，许多规费做了减免，为公司节约 700 余万元。

蒲鸿记得，在修建蓝光大厦的时候，围墙上甲方建设项目经理是
他。"当年是什么水平呢？一开始对于砖怎么砌的都不懂，"蒲鸿回忆
说，"就私下虚心地去咨询和请教别人。原来，所谓'12 墙'是顺着
砌，'24 墙'就是横着来。"

善于学习，是蓝光人的基因。在蒲鸿看来，当时就是杨铿引领大
家敢于面对困难，敢于去挑战。

李康兰说，当时房地产是新兴行业，包括杨铿在内，企业管理人员对这个行业都不是很了解。她自己是管财务的，一开始对房地产开发企业的会计制度也不熟悉，企业的会计制度相当于推翻重来，需要全新建立。

李康兰一加入蓝光就进了董事会。"随时都在开会，反正就是什么会议都参加，晚上能够九点钟准时回家已经很不错了。"李康兰回忆说，这就是蓝光转向房地产行业的第一步。

王甸春在 1993 年加入蓝光，负责公司成本核算和审计。他每天坚守在工地，直到蓝光大厦封顶，因此清楚修建蓝光大厦的全过程。"当时公司加上材料部，一共才 10 多个人。"王甸春感叹说，"太不容易了！"

不过，苦尽甘来，蓝光大厦才初现框架，所有的写字间就已经售罄。

▲ 杨铿与当时的骨干成员合影于项目前

尽管人们知道买到的只是"楼花"，但前来了解的人依旧络绎不绝。有东欧、北美来成都投资的外国人，有经营小本生意的个体户，有连夜坐火车赶来的外地人，也有看了《成都晚报》上的广告来看热闹的人……

当天负责签合同的倪爱红记得，有位从华阳骑自行车赶来的销售电器的个体户。他把一只沉甸甸的袋子撂在办公桌上，拉开拉链，里面塞满了各种面额的钞票。还有一次，她和同事去一家进出口食品代理公司收购房预付款。他们用了整整两个小时，清点出20万元人民币。

蓝光大厦从立项、设计、开工到建成、销售，耗时不到两年，"蓝光速度"开始引人注目。

建筑设计大方向交给最懂行的专家，细节把控则由蓝光人群策群力。从户型利用到装潢材质，从灯光布线到地面色彩，蓝光参考了国内外诸多写字楼案例，反复实验，最终效果喜人。

更为重要的是，通过修建这栋大厦，蓝光完成了从立项到销售的产品线梳理，健全了企业职能，引进了专业人才。由兰光汽配厂时代积累起来的企业核心竞争力已超越了行业边界，将日益强大。

1995年夏天，26层的蓝光大厦如期竣工。它是蓝光从制造业向商业地产转型的里程碑。蓝光大厦不算是当时成都最高的楼，但蓝光人为自己修建的大厦深感骄傲。大厦名字由时任国务院副总理钱其琛所题。

值得一提的是，在蓝光房地产开发的起步阶段，整个市场环境并不乐观。

　　李康兰回忆说，当时北海的房地产泡沫波及全国，国务院迅速做出反应进行调控，要求银行严控房地产开发贷款。而房地产行业是一个资金密集型行业，没有银行资金支持，举步维艰。到1995年年底，成都房地产行业的民企已经所剩无几，而蓝光坚持了下来。

　　在王甸春的记忆里，到了1994年，公司的资金就变得非常紧张。蓝光的第一笔贷款150万元，就是他和李康兰跑了很多地方，最后才贷到的。这笔贷款解了当时的燃眉之急。

　　在银行紧缩资金的那段时间里，蓝光秉承信誉第一的理念，没有拖欠银行一分钱的贷款。蓝光意识到，信誉是企业长期发展立足的根本。

▲ 1994年5月，时任国务院副总理兼外交部部长钱其琛到成都视察，
并为"蓝光大厦"题字书名

　　大厦修建期间，蓝光也在组建自己的物业管理团队。他们从深圳聘请了国内物业界的资深职业经理人，把"物业不等于保安、保洁、维修"的理念带到成都。物业管理要为业主提供全方位的服务体验，

在确保物业保值的同时，让业主感受到温暖和体贴。

蓝光从一开始就树立了成都物业领域的典范，为嘉宝集团日后成为整个大西南地区的物业标杆奠定了基础。

大厦进入运营阶段后，蓝光开始进行探索与创新。大厦位于城市黄金口岸，人流量巨大，如何让自有或在售的铺面、写字间创造最大价值，成为蓝光人的新课题。

杨铿尝试过将大厦中的铺面散卖出去，然后再返租回来进行整层打造，统一出租和管理。也试过开百货商店，一旦效果不及预期，他便会及时止损，迅速调用新方案。杨铿理智、严谨、有魄力，他希望每个蓝光人都拥有丰富的想象力和创造力。

王甸春很怀念那段时光。在红星饭店公司总部，每天除了繁忙的工作，中午大家便会聚集在一起活动。在王甸春眼里，杨铿很有个人魅力，因为他会和大家一起打打羽毛球，"就像课间操一样"。

从1992年到1995年，蓝光大厦、西京大厦、中天大厦、金州大厦陆续建成，蓝光在成都商业写字楼界后来居上，带动了行业的迅猛发展，与同行业的企业一同改变城市的物理形态，增加商业氛围，拉动就业。

这些不再簇新的建筑，像一本本记忆的画册，记录着一代城市奋斗者的拼搏故事，承载了许多人的青春和梦想。

它们既是蓝光的里程碑，也是属于时代和城市的珍贵纪念。

当杨桦在1998年4月8日加盟蓝光时，这些大厦都建成了，还成立了旗下的成都和祥实业公司。她的第一个工作，是到和祥公司参与管理蓝光刚刚建成的五块石旧货交易市场。

但一年之后，她就被通知回总部，接替即将退休的胡孝珍管理印章和公司资产。"胡孝珍老师是我的前辈，给我铺好了道路。"杨桦回忆说，在胡孝珍手把手教她3天以后，她开始独立管理印章的工作。这一管就是20年，印章最多的时候，达到了700多枚。

在杨桦看来，公司把这么重要的工作交给她，是对她的信任。她也从这个时候开始，从管理印章的工作中，见证了蓝光发展的历程。

【手记】

蓝光总在突破，从制造业转型到商业地产领域，像一只高速运转的飞轮。

陈乃鸿认为，企业成功转型应归功于杨铿，他胆大、心细、稳重、有远见、有迫力、执着、平等待人、有团结和号召力。

短短几年时间，蓝光扩大了企业规模，增加了人员数量，改变了产业结构，提高了产值，成为成都本土解决就业、拉动经济、促进城市发展的知名民营企业。它通过自己的努力为成都注入了更多活力。

蓝光梦想成为一个能够改变人们生活的企业。它的求变无处不在。它从呆板的教条和法则中跳出来，从成功中吸取经验，从失败中吸取教训。

在蒲鸿看来，蓝光创业的第一个十年，是最艰辛的，但也是最充满活力的。它是传承至今的蓝光精神和蓝光文化的起源阶段。

1994年蓝光总部搬到西京大厦时，就提出了八字理念：物竞天择，适者生存。蓝光之所以能够发展到现在，在蒲鸿看来，一是因为杨铿的个人魅力，二是因为老蓝光人那种艰苦奋斗的精神在传承。

第二章

铿锵行

（2000—2008 年）

所谓企业家精神，可以解释为掌控不确定性的能力。这种能力能扣准时代脉搏，预判市场趋势，捕捉行业机遇。

21世纪之初，蓝光抓住了机遇，创造了成都商业地产的奇迹。

玉林生活广场和蓝色加勒比两大标杆商业项目的成功，使成都进入了属于蓝光的商业地产时代；阳光第一拍，蓝光胜出的不仅是价格，更是其综合实力；"金荷花"破土而出，发展过程跌宕起伏，成为成都商贸发展史上的里程碑，更是整个西南地区批发市场的标杆；"金色夏威夷"事件，暴露了蓝光物业管理上的问题，却也加速了蓝光嘉宝的市场化。

2004年，住宅"刚需"浪潮乍起，蓝光勇立潮头，大举进军住宅市场。首个住宅地产项目——御府花都开盘旗开得胜，其系列新盘全城开花。

2008年汶川大地震，蓝光第一时间捐款1 000万元人民币，组织志愿者奔赴灾区，支援灾区建设。

进行区域深耕时期的蓝光，步伐坚定，铿锵有力，节奏响亮。

第一节｜从玉林生活广场到蓝色加勒比

【引子】

2001 年，蓝光开发的罗马假日广场，完成了 A 座和 B 座的全面销售。两个月后，在城南玉林西路与二环路交汇处，又诞生了一个大型购物中心广场——玉林生活广场。与此同时，位于成都东门大桥桥头占地 6 600 余平方米的"东方时代商城"正要破土动工……

之后，罗马假日广场在爆竹声中宣布营业，东方时代广场开盘，而位于城南科华北路上一个新的黄金地块又被蓝光收归囊中，它就是后来的蓝色加勒比。

进入 21 世纪，中国就像是乘上了一辆一往无前的高速列车，大到企业，小到个人，在新旧交替的过程中，一边迎接新的机遇，一边面对未知的挑战。

蓝光在这场世纪剧变中摸索前行。

开始海外考察之旅

1999—2004 年，蓝光曾多次组织考察团进行海外考察，到过美国的拉斯维加斯、澳大利亚的悉尼和墨尔本、德国的柏林以及新加坡。那时的商业论坛席位间，蓝光是唯一来自中国的房地产公司。

1999 年西部大开发正式启动，四川作为人口大省和产业大省，成为整个西部发展的核心引擎之一。随着中国加入世贸组织，外来资本涌入，中国经济进入了黄金发展阶段，也因此拉开了房地产"黄金十年"的序幕。

然而以办公楼为主的综合商业地产，始终找不到其他发展方向。

因此蓝光开始对海外商业市场进行调研考察，寻找全新的突破口。

每一次海外考察都是一次经验的积累。蓝光团队白天结束考察后，都会在晚上召开小组讨论会，总结和分析考察的结果，并分享收获和心得。大到商业中心的规划布局，小到建筑的瓷砖与花纹，蓝光团队不放过任何一个可以借鉴和学习的机会。

中国加入世贸组织后，外资冲击强劲。蓝光在 2000—2002 年，凭借长远的市场目光和稳健的发展步调，成功拿地并开发了罗马假日广场、玉林生活广场、蓝色加勒比、东方时代商城等优质商业地产项目。

高周转、低利润的短平快商业开发模式，让"蓝光"两个字在当时成都最具开发价值的黄金地段频频亮相，在成都商业地产的井喷时代，大有遍地开花的架势。

2001 年，蓝光被《21 世纪经济报道》评为 2001 年度成都最具成长性的十家房地产公司之一。摆在蓝光面前的，是一条全新的西南商业地产赛道。在这条赛道上，蓝光遥遥领先，一往无前。

从玉林路尽头到科华北路 143 号

如果说成都商业的鼻祖是繁华的春熙路商圈，那么成都夜生活文化的标杆则是位于城南的玉林生活广场。

城南的玉林社区是成都最早的社区商业片区之一。错综复杂的小街小巷，烟火气十足的沿街门店，一时间让这里成为成都第二个"市中心"。

"对于商业地产来说，除了地段，还是地段，它并不一定是城市的中心区域，但一定是最适合产品定位的地段。"彼时负责蓝光商业地产开发的任霞如是说。

商业地产所构建的商业建筑以及形成的消费中心，连通了向四面八方延伸的街道巷弄。1993年，一环路正在持续发展中，二环路全线通车，三环路正在扩建，城南片区成为房地产商们的必争之地。

一条二环路隔开了玉林传统社区与桐梓林新型社区，成都人口中的"城南富人区"初现雏形。2000年年初，蓝光凭借其成熟的商业地产规划能力和市场洞察力，再一次选择了城市中心路口的小型地块，拿下了位于一环路与二环路交叉口的"黄金地段"进行商业开发。一时间，西装革履、拿着"大哥大"的商务人士奔走其中，在这块即将发生巨大变化的地方，寻找新的机遇。

经过多次海外考察，蓝光商业地产团队发现，大部分传统商业中心为了避免因入驻商户的局限性而出现的商业价值折损，坚持打造"一层商业"。然而在玉林生活广场的建筑设计上，蓝光充分吸取了先进的规划理念，设计了"双首层"，通过错层的方式，充分打通上半层与下半层，形成下沉式广场。如此一来，下层商户能够拥有更多灵活的外摆空间，上层商户则拥有向外延伸的露台空间。

这种半开放式的商业建筑设计，引领了成都乃至整个中国商业地产建筑模式的潮流。在蓝光日后开发的香槟广场、时代华章等商业地产项目中，这种模式多次被采纳，带来了更大的商业价值。

2001年9月24日，玉林生活广场开盘销售。以玉林邻里购物中心为载体的"生活广场"概念在成都商业地产界开了先河，这归功于蓝光精准的产品定位。一般的商业地产在第三年才能实现稳定的资金回流，而玉林生活广场在短期内就获得了将近十倍的增值。

▲ 成都玉林生活广场

　　蓝光并未在玉林生活广场前期的策划和定位上花费大量时间，而是将全部精力投入了后期招商以及工程质量的监督上。杨铿曾多次前往工程现场进行监督。当时为了测试玉林生活广场的台阶设计能否避免成都地区长期阴雨天气所带来的积水隐患，他甚至脱掉鞋子踩在刚下过雨的台阶上亲自体验。

　　为了更好地打造玉林生活广场，为人们带来时尚的消费体验感，蓝光除了对空间进行规划外，还在建筑立面的设计上采用了极具欧洲风情的元素，加上绚丽的灯光，点亮了成都的夜生活。

　　2002 年 10 月 18 日，玉林生活广场正式营业，入夜后霓虹闪耀，让周围的商户黯然失色。

　　与此同时，距离玉林生活广场 3 千米外的科华北路 143 号，蓝色加勒比商务公寓也隆重开盘，并以开盘 5 天内销售 60% 的优异业绩再创新高。

　　蓝色加勒比以磨子桥商圈为中心，修建了符合年轻人居住与消费理念的小户型公寓，并在楼下修建了配套的商业建筑。区别于玉林生活广场偏向社区经济的商业理念，蓝色加勒比打造的是以"校园经济"为主的时尚商圈。

　　蓝色加勒比背靠四川大学西南门，吸引了年轻的消费人群，加之富有时尚感的设计，让科华北路充满了别样的异域色彩。

▲　成都蓝色加勒比广场

　　蓝光对蓝色加勒比和玉林生活广场精准的商业定位，让项目在短时间内基本完成了销售任务，获得了极高的市场反响度。蓝光也因此成为成都商业地产市场的新典范。

霓虹里的故事

彼时，蓝光西京大厦五楼的董事长会议室内挂着一份被装裱起来的报纸。报纸用一整个版面分析了蓝光罗马假日广场运营不善的前因后果。

当时文章一刊出，杨铿就让人将其挂在了公司最醒目的位置，警示自己的同时也告诫所有蓝光人，同样的失误不能再犯。

当时，罗马假日广场风头正盛。其在 2001 年完成 A 座和 B 座的销售后被评为成都市"十大金奖楼盘"之一。

然而传统的成都肖家河社区缺乏一定的商业活力，前期的产品定位与客群考察出现了差错，盲目地参考了澳大利亚的滨海度假型商圈，忽略了成都本土的商业体制，导致前期招商无法匹配后期的运营。

罗马假日广场是蓝光在打造"生活广场"式购物中心的第一个尝试。蓝光从中吸取了教训，形成了销售与运营并行的商业理念。

"在商业地产项目的规划和开发当中，要充分考虑运营的需求。销售的成功只是成功的一部分，运营才是保持商业地产生命力的核心所在。"杨铿在面对罗马假日广场的失败时如是总结。正因如此，在之后的玉林生活广场和蓝色加勒比的前期策划和招商阶段，蓝光从市场角度思考问题，充分了解客户的需求，引入了专业的商业管理团队，避免了开发商业地产时出现的虎头蛇尾的问题。

建筑形态随城市的变迁而不断升级，而一个商业地产项目的活跃度则侧面体现了人们的消费需求和精神需求。

中国加入世贸组织之后，国门大开，除了资本大量涌入外，外来文化也以不同的形式渗透城市居民的日常生活。随着"精神消费"需求的剧增，餐饮娱乐的业态也面临升级。

酒吧和宵夜文化使玉林生活广场成为成都夜生活的代名词。慕容雪村的《成都，今夜请将我遗忘》，以玉林生活广场的"音乐房子"酒吧为背景，写出了形形色色的都市男女和这座城市的故事，表达出了无数在成都夜晚的霓虹中享受自由、追求流行的年轻人的心声。

不远处的蓝色加勒比商圈，更是吸引了良木缘、何师烧烤等优质餐饮品牌的入驻，具有异国情调的建筑设计，以及欧美国家酒吧的风格，使蓝色加勒比成为外国友人的聚集地。

为了能够更加专业地管理和运营"生活广场"，2001 年 2 月，蓝光正式组建嘉宝公司——蓝光第一个全资商业物业经营管理公司，开始对蓝光所有商业地产项目的前期策划招商以及后期的物业管理进行运营。

由于生活广场的商业价值得到体现，2002 年蓝光又以 585 万元拍下了位于西大街的"地王"，即后来的金色夏威夷，引得业界和媒体热议。

蓝光是一个能够通过反思来增强团队执行力的公司。

2001 年 9 月，杨铿提出蓝光的核心理念：客户满意是我们的第一目标，尊重和关心员工的个人利益。这就是客户满意、员工满意的蓝光"双满意"核心理念。

2002 年 6 月 2 日，杨铿在集团干部培训会上明确了现代服务意识和客户满意的关系："蓝光集团只有一个标准，即以客户满意论英雄，以市场认同论英雄，以业绩论英雄。"

"双满意"理念以保证客户投资回报为主，站在商户的角度，充分满足其需求，成为衡量蓝光团队"造活"商业的能力的标准。

正是因为蓝光选择了正确的战略，蓝光才得以在后续一系列商业地产项目的开发中始终保持高姿态、高效率和高质量的特点，赢得商户们的信任，形成商业地产市场上难得的房地产商与客户之间的"双赢"局面。

【手记】

蓝光商业地产时代开始于玉林生活广场和蓝色加勒比两大标杆项目的成功。蓝光不只完成了一个商业项目，更打造了一种生活方式。

在此期间，蓝光引入了超前的商业地产理念和销售与运营并重的管理模式，突破了传统商业的局限，给成都商业地产的发展带来了更多的可能性。

随之而来的东方时代商城、金荷花专业市场、金色夏威夷、香槟广场等项目，更加巩固了蓝光在这个商业地产时代的地位。

第二节｜阳光第一拍

【引子】

"468 万，成交。"拍卖师落槌。

"一号地块归属蓝光和骏开发公司。"顿时，掌声响起，两名男子起身握手。

这是 2002 年 8 月 6 日午后，自中华人民共和国成立以来，四川省第一宗国有土地拍卖会的现场。

当天，四川蓝光和骏开发公司力压对手，斩获两块"地王"。这一事件被称作蓝光历史上的"阳光第一拍"。

▲ 2002 年 8 月 6 日，成都市土地拍卖中心现场

时刻准备着

2002 年的蓝光，不再是毕其功于一役的兰光房屋开发公司，其已更名为四川蓝光和骏开发公司，从城郊到市中心，四处开花，牢牢坐稳了成都乃至四川商业地产界的头把交椅。

此时的蓝光，职能架构日益清晰，公司规模开枝散叶，这一切都建立在良好的口碑上。

从写字楼时代迈入"生活广场"时代，蓝光跟随的是政治导向、经济环境和民生需求的变化。2002年的中国经济发展势如破竹，从南到北"地产热"热度不减，颇有雄心与野心的房企历经一轮轮洗牌，唯有看到深层症结与需求的企业家才有把握不被淘汰。

杨铿看到了经济发展带来的城市巨变：高楼鳞次栉比，城区向外扩展，人们对精神文化的需求增加。

川人虽重闲适，但也有藏而不露的进取心与刚勇的性情。杨铿与团队首创了蓝光式商业生活广场，以其超前的商业理念和精巧前卫的布局设计迅速征服成都人，一时间效仿者众多，但很难得其精髓。

在项目第一线成长起来的时任蓝光和骏总经理助理任霞回忆，在2000年左右，杨铿已开始组织团队，出国观摩历年的"世界房地产博览会"，学习世界上同类产品的先进经验。拉斯维加斯、悉尼、罗马、巴黎……不管去哪个城市，蓝光都是唯一来自中国的团队。

在参加了博览会之后，杨铿才认识到商业地产的五大分类。他把商业地产的建筑形态、商业布局、规划等方面最先进的理念装入头脑中，开始对城市住宅类产品的市场占比和发展前景进行思考。

任霞记得，在国外考察商业项目时，大家测量地砖、栏杆和挡水的高度，分析栏杆扶手和挡水的做法，学习顶部灯光的处理方法，研究商业动线走向，甚至对商铺店招的尺寸、颜色，走廊上的座椅、花池、地灯等的色彩搭配，都细细做好记录。晚上回到住处后，大家继续讨论，精彩点子层出不穷。

这些所得都融入了蓝光的生活广场项目中。露天步行街等商业形态也由蓝光首次带到成都。

后来，蓝光在电脑城项目上首创了"双首层"模式，让内行拍案叫绝。该模式随后被运用到一系列生活广场项目中，大放光彩。

商业地产项目追求覆盖率，且对商业动线的设计有严苛的要求。蓝光一方面针对这两点下足功夫，始终做到在细节上见功力；另一方面，蓝光也重视在企业的发展过程中对企业职能的调整。随着蓝光商业地产项目的不断扩大，蓝光不仅组建了计划经营部，强力改变拿地无序、现金流无计划的现状，还成立了"创意中心"，研究国内外的优秀案例，努力开创让消费者和企业双赢的局面。

那时，中国最优秀的地产企业大多在向外探索，西学东用，结合本土特点，慢慢提炼出独特的企业文化内涵。蓝光也不例外，永远在学习和创造。

从"知道"到"行动"

2002 年 7 月 1 日，国家颁布了《招标拍卖挂牌出让国有土地使用权规定》。之后，成都市国土局挂牌两宗土地拍卖信息，分别是青羊区长顺下街与八宝街交叉口的 1 号地块，以及青羊区西大街和长顺大街交叉口的 2 号地块。两块都是熟地，其商业价值不可估量。

对杨铿来说，用企业实力说话的局面已然来临。从未参与过拍卖的蓝光和骏第一时间应标，这让杨铿倍感兴奋。他要求时任和骏董事长王跃宏和其团队抱着必胜的信念，全身心投入前期的筹备工作中去。

　　筹备工作分为两个方面：一是要充分了解拍卖流程，研究拍卖技巧，让蓝光在其心理价位之内拿下地块；二是对拍卖地块进行策划，并制作严谨的项目规划书，竞买一旦成功，立即启动项目。

　　王跃宏和其团队为了学习拍卖方面的知识，翻阅了大量资料，请教了拍卖领域的专家，并去其他城市现场观摩拍卖会。随着对拍卖的认识不断加深，他们对拍卖会的每一个环节和可能出现的状况都有了更深入的了解。

　　王跃宏和杨铿就此进行过无数次的讨论。在王跃宏眼中，杨铿的思维极其广阔、细密、超前。

　　与拍卖演练同时进行的，是制作项目策划书。几名核心高层人员把自己关在会议室里，对所建项目的建筑密度、绿化、限高、使用明细、投资强度等一一进行分析。当王跃宏把竞拍申请和竞拍地块使用策划书递交给成都市国土局的负责人时，对方非常吃惊，因为没有任何一家竞拍企业像蓝光这样做。这本厚厚的策划书从形式到内容都堪称范本。

　　从"知道"到"行动"异常艰难，但也激发了企业的巨大潜力。

　　拍卖会进入倒计时阶段，王跃宏在通报会上说道："公司参加本次竞拍，成竹在胸，志在必得。公司将以实力和成熟的运作经验迎接挑战，做出地产精品，不负业界厚望。此次竞拍意义重大，蓝光和骏面临市场化的竞争格局，要掌握新的竞争规则，打造核心竞争力，这是我们抓住机遇、加快发展的前提。"

尘埃落定，八千里路云和月

时间再次回到 2002 年 8 月 6 日午后。安静的拍卖厅内坐着 20 多家企业的代表，拍卖师立于台上，语速平缓地介绍地块情况。

▲ 2002 年 8 月 6 日，成都市土地拍卖中心现场，蓝光首次参加

成都市土地拍卖

王跃宏代表蓝光和骏，手持 77 号牌。他身旁坐着杨铿。

每举一次牌，都让地块每亩（1 亩 ≈ 666.667 平方米，下同）均价增加 5 万元或 10 万元。蓝光和骏要在成功竞拍的基础上控制好成交价格。

每一轮竞拍，王跃宏都不急于出手。数十年的工作经验，使他善于观察，遇事沉着冷静。

价格不断报高，一些竞拍者陆续退出。最后只剩下三家企业进行角逐。彼此间不再观望，以举牌的果决和速度给对方施压。

王跃宏面沉如水，目前的均价已与他的心理价位相当接近。

"468万，第一次——"

"468万，第二次——"

"468万，成交！"

文章开篇的一幕出现了。王跃宏和杨铿百感交集，但此刻不是庆祝的时候——第二宗地块竞拍随即开始。

这场竞拍会结束，蓝光和骏将两块地收入囊中，完成了任务。当天返回公司后，大家举行了庆祝活动，对未来进行了规划和展望。

自此以后，蓝光打开了新局面，加快了发展节奏。第二年，蓝光和骏从成都市国土局拍卖的21块地中竞得8块地，其竞争力在四川近2 000家房地产开发企业中，有目共睹。

蓝光和骏竞拍所得的地块均快速转化为产品，且销售一空，体现了蓝光"高水准的项目规划能力，高质量的经营管理能力，高效率的资金调动能力、资源整合能力及快节奏的市场运作能力"。"四高一快"使蓝光和骏形成了"拿得到地、建设得好、销售得快、经营得活"的专业特色，使蓝光成为土地拍卖政策的受益者。

继玉林生活广场和蓝色加勒比之后，金色夏威夷、蓝光金荷花、香槟广场、耍都等城市地标建筑先后落成，极大地丰富了成都人的娱乐休闲生活，拉动了经济发展，带动了就业。

2002年11月，江泽民总书记在党的十六次全国代表大会上作了《全面建设小康社会，开创中国特色社会主义事业新局面》的报告，提出了"三个代表"重要思想。随后，劳动和社会保障部发布了《关于贯彻落实中共中央国务院关于进一步做好下岗人员再就业工作的通知》（劳社部发〔2002〕20 号），制定了积极的再就业政策。

此时，蓝光用实际行动响应了党的号召，创造了大量就业岗位，为城市就业做出了贡献，让杨铿和每个蓝光人与有荣焉。

【手记】

"阳光第一拍"是蓝光创业史上的里程碑，竞拍拿地让蓝光有了大展宏图的机会，企业发展再上一级台阶。它是蓝光长期稳扎稳打的必然结果，也体现了企业的精神。

2002 年，"客户满意是我们第一目标，尊重和关心员工的个人利益"的"双满意"标准替代了"物竞天择，适者生存"，成为蓝光的核心理念。它是对蓝光企业精神最精准的提炼。"消费者第一"和"泛客户"的思维，让蓝光人在任何时候，心里都有最高标准，善于换位思考、转换角度，竭尽所能找到最佳解决方案，同时绝不触碰法律法规和道德的红线。当最佳不断叠加，成功便指日可待。

"阳光第一拍"体现了成都市政府在实施新的土地使用权转让方式时的魄力与决心，也拉开了土地使用权转让方式进入新时期的序幕。

政府对土地的储备、开发、拍卖等环节的把控，促进了城市的健康发展与繁荣。在政策的支持下，蓝光更要为城市建设做出贡献。

第三节 | 金荷花：跌宕起伏的三年

【引子】

2004 年 1 月 21 日，除夕之夜。

在这举国欢腾的日子里，蓝光工程项目部的人员还心系着城北的某处。烟花升空，绽放的瞬间照亮了仍然堆满渣土的工地。

这是蓝光正式进军商业地产的第三年。那时，谁也未曾料到，在城北这一片废墟之上，一朵金色的荷花即将绽放，成为整个西南地区专业市场的标杆。

一场和时间赛跑的硬仗

2003 年 10 月 21 日，蓝光和骏继 2002 年"阳光第一拍"之后，再次在土地拍卖市场上拿起了号码牌，以每亩 510 万元、总价 3.2 亿元的最高成交额，拿下了位于成都荷花池批发市场占地 75.96 亩的核心地块。

20 世纪 80 年代，火车铁道边的十几个小摊贩在这里打开了一个全新的市场。随着城市的发展与变迁，这个只有十几个摊位的大棚市场，升级为包括来自 46 个城市的 6 万余商户、30 余万从业人员的大型批发市场，形成了丰富的业态，吸引了大量人流，让"荷花池"成为老成都人心中不可替代的"商贸鼻祖"。

在一锤定音之前，杨铿带领下的蓝光和骏就对当时这块炙手可热的地块做好了一系列的科学规划，其目的是要打造西南首屈一指的服装专业市场。

▲ 成都蓝光金荷花概念图

这是蓝光为即将过去的 2003 年交上的一份满意答卷，同样也是对 2004 年的献礼。

"金荷花是对蓝光核心竞争力的考验，是实现企业跨越式发展的绝佳机会。"拿下金荷花土地开发权后，杨铿在随即召开的动员大会上如是说。当所有的蓝光人为这一前所未有的大体量工程欢呼庆贺时，杨铿始终保持冷静。

蓝光虽然成功拿下了这一地块，但较之从前，要想顺利进行开发，并不容易。

面对超出了曾经商业地产项目规模十几倍的大体量工程，蓝光需要保证在进入工地的 40 天之内，完成第一批预售招商样板房的建设。对于习惯了高周转运作的蓝光来说，这仍然是一个前所未有的巨大挑战。

2004 年 1 月 6 日，当工程管理中心负责人邓翠祥率领工程项目部进入施工现场时，现场房屋尚未完全拆除，建渣亟待清理，地面管道纵横，场面一片狼藉。几个项目部员工站在零乱的工地上，面面相觑，不知该从何下手。

在杨铿的指导下，蓝光当机立断从内部抽调多名优秀的业务骨干，组建成项目管理班子，由公司时任总裁任霞牵头，推行当时最先进的项目管理模式——强矩阵管理，从混乱中理清头绪，再将其科学地拆解为百道工序，清晰拟订各个部分的完成时间，以天为单位进行检查、督促，并且实施严格的奖惩制度。在严格的管理规范之下，金荷花正式破土动工。

一月份春寒料峭，大多数人都在期盼即将到来的新春佳节。时任公司副总裁兼创意中心总经理的王跃宏正戴着黄色安全帽，在工地飞扬的尘土中穿行。作为项目的主要负责人，王跃宏已经快一个月没有睡过一次好觉了，从方案创意、模型制作、材料选定到办理各种手续，他都要一一过问，以防出现纰漏。

同样跟他坚守在工地的还有工程项目部的全体同仁。有人回忆道："那时候实在熬不住了，就在工地旁边租用的民房里睡两三个小时。"许多人在大年初三就急忙赶回工地复工。

那时候的蓝光，流传着"1＝15"的"工作等式"。在前期项目报建阶段，项目工程师们曾通宵达旦地完成了一份需要15天才能完成的工程分析图。精美的装帧、丰富的内容为方案的顺利审查提供了有力支持。

2月19日，王跃宏站在已经竣工的招商样板房前，感慨万端："这是一个远低于正常工期、高得几乎无法达到的目标。"一个多月前大家在会议上表现出来的忧虑还历历在目，然而如今蓝光人在这场与时间的赛跑中，正式宣布了一个阶段的胜利。

初次亮相 一号难求

2004年2月20日，凌晨两点的成都被寒气包裹，雾气弥漫。在"蓝光·金荷花国际时装城"接待中心的样板房临时发号屋前，人头攒动。

从沿海地区远道而来的投资人，适应不了成都湿冷的气候，都后悔没带上厚实的衣物来御寒。而成都本地的商户则显得异常从容，但是也抵挡不住深夜里的困意。

然而，接待中心内却是灯火通明，寒气让玻璃起了一层水雾，看不真切里面发生的一切。所有人都在等待四个小时之后的黎明。

为了保证2月20日"蓝光·金荷花国际时装城"的第一轮预售能够顺利进行，蓝光和骏投入了蓝光有史以来最多的资源：24人的销售团队，29人的后备梯队，14人的财务团队，数名嘉宝公司的安保人员，以及12名驻扎在场外的警察。他们从19日晚开始，一直演练至次日凌晨4点。

然而两个小时之后异常火爆的排号场面，几乎打乱了所有的预演与设想。第一批手持号码牌的投资人早已将大厅门口围了个水泄不通。到9点，当天的入场号已经发售一空，现场的楼书和DM单成为新一轮争抢的对象。

"蓝光·金荷花国际时装城"招商样板房的首次亮相，令远道而来的投资客们惊艳。这场对和骏公司前期工作成果的检验圆满结束，也再次考验了蓝光的商业眼光以及果断的项目执行力。

这一商业项目，为西南专业市场带来了难以估量的商业价值，将在蓝光商业地产发展史上添上浓墨重彩的一笔。

最美的绽放

"那时候大家都说'金荷花'这个名字取得好，从名字上就把它从荷花池的传统业态中剥离开来，上升了一个档次。"蓝光文商旅集团商业经营管理公司副总经理杨建中回忆说。

2004 年，杨建中在金荷花仍是一片坑坑洼洼的工地时，进入蓝光任职。学习电子商务专业的他，一进公司先加入了运营小组，跟着工程项目部的同事在工地没日没夜地开策划会。

预先对产品定位，一直是蓝光在开发商业地产项目时遵循的第一准则。蓝光一直坚信把规划和定位做在前面，对后期的销售、招商和营销策划是具有指导意义的。

金荷花的规划建设净用地面积为 41 967 平方米，蓝光在此基础上开发了高达 15 万平方米的营业面积，包括 1 000 余个停车位、4 500 平方米的货物吞吐区、4 000 平方米的库房面积、三层通车货运直达商铺和 3 000 平方米的中央广场。这个集合了批发、零售、仓储、电子商务、展览、餐饮、休闲、办公等功能于一体的大型专业服装批发市场，成为当时西南商业综合体的标杆。

蓝光充分借鉴了国外市场的先进理念，打造了具有开放性的批发市场、下沉式广场以及直通二楼的廊桥，便于人流往来以及物流运输。杨建中说："就算放到今天，这样的建筑设计依然不会落伍。"

▲　成都蓝光金荷花

2004 年 5 月 21 日，"蓝光·金荷花国际时装城"盛大开盘，吸引了来自温州的购房团、江浙地区的服装商人以及广东沿海地区的饰品经销商。近千人共同见证了这个具有 20 年历史的商贸市场发生的重大变革。

为了顺利推进后期的运营计划，蓝光在金荷花项目上再次采取了销售与招商同步进行的策略。那时候金荷花广场上所有的 LED 大屏，每天都滚动播放着金荷花的宣传片。这是蓝光首次利用多媒体为金荷花的招商引资造势。

2004 年 9 月，蓝光企业内部的光荣榜上，位列榜首的是"金荷花招商小组"。由于他们表现突出，给予其 50 000 元作为奖励。在杨建中的记忆里，为了能够保证金荷花的建设效率，招商部加大了招商力度，成为忙碌程度仅次于工程部的部门。"以商引商，口碑传播"，蓝光招商部的人北上北京，南下广州，挨个拜访当时大品牌的服装商家，引进优质的商户。

到 2005 年 4 月，A 座的首层招商率已经成功达到 100%，B 座的钟表工艺品城、面料城以及美博城的招商率也平均达到了 98% 以上。549 天的开发周期，"蓝光·金荷花国际时装城"在 6 月下旬共成功交付了 1 134 间商铺。

杨建中回忆，在"蓝光·金荷花国际时装城"最早一批的楼书上，印着一个伟大的"理想"——"把丝巾卖到法国去"。正是因为不断行走在市场前沿，想别人不敢想，做别人不敢做，蓝光才有机会拔得头筹。

2005 年 8 月 26 日，"蓝光·金荷花国际时装城"试营业。这个带有异国风情的高端专业市场在成都的黄金口岸扎下了根。金发碧眼的外籍模特在时装艺术发布中心的水晶 T 台展示着来自世界各地最新款的服饰，为台下的商户和顾客打开了国际潮流的大门。

商户们纷至沓来，经过中央广场上意喻生财的"九莲池"，涌进这座西南地区最大的"淘金城"，开启致富的新篇章。

三年浇灌　一朝盛开

随着改革开放的不断深入，国内市场越来越开放、活跃，西南地区的人们投资房地产的意识逐渐苏醒，"炒铺子"的热潮开始形成。许多人买下一间铺子，在几年之内价格就涨了 6~7 倍，赚得盆满钵满。

市场风云变幻莫测，计划永远赶不上变化。当蓝光正在为金荷花国际时装城的销售业绩欣喜不已时，却不知道新的挑战已然到来。

"炒铺子"热潮让大量商铺在开业之后处于闲置状态，商家、业态频繁地调整，曾经从沿海地区引进的针纺织品、牛仔服、时装等，在热度过后，逐渐冷清。而最大的挑战，竟然是来源于本地的行业竞争。

问题一触即发，"造活"金荷花迫在眉睫。

"庞大的商业项目从来不可能一蹴而就，都需要经历'放水养鱼'的阶段。"杨铿始终坚信蓝光在商业发展中，最不惧怕的就是变化，蓝光人已经在变革之间懂得了"中庸之道"，顺势而为。

于是在开业不到 1 个月的时间里，蓝光组织了 300 人的招商队伍，开展了"百车万店天府行"的活动。

2005 年 9 月 8 日，由上百辆轿车组成的车队，携带上万份金荷花市场的资料，从荷花池出发，在 3 天内去到了周边 52 个县市，点对点地拜访了全省各处的服装商家，与他们交换了市场信息，为金荷花商家牵线搭桥。这行人中，也有许多蓝光的高层管理人员，他们走街串巷，穿梭在服装批发市场中。

3 天后的凌晨 4 点，金荷花热闹了起来。满载货物的物流车辆和来自周边各地的服装商们抵达了金荷花。他们为眼前这座大型批发市场的忙碌景象而震惊，眼中闪烁着惊喜的光芒。

蓝光把这次活动称为"十城联动，火热聚焦金荷花"。对于金荷花的商户来说，大巴车载回的不仅仅是前来拜访的商户，更是新的希望。

"那段时间真的很辛苦，但充满了激情。"杨建中回忆道。

在经历了两年的业态调整与招商引商后，2007 年，金荷花的发展逐渐步入正轨。2011 年，互联网的普及让金荷花再次面临严峻的考验。

然而在蓝光的字典里，从来就没有"盲从"二字，蓝光人总能在变革中找出属于自己的路。如今的"蓝光·金荷花国际时装城"，顺应市场的新趋势，不断调整创新、提档升级，开辟了全新的经营模式。

【手记】

金荷花成为成都商贸发展历程中的里程碑，见证了荷花池商贸的兴衰。

无论是在品牌影响力还是商业价值上，它都展示了蓝光的实力与超前的战略眼光。经历过磨炼的老蓝光人，成为未来蓝光发展中不可或缺的中流砥柱。

金荷花国际时装城开了西南地区专业批发市场的无数个先河，过程虽然充满荆棘与坎坷，却始终独善其身。

前路漫漫，任重道远，蓝光人培育出的这朵"金荷花"，仍然努力地绽放着。

第四节 | 嘉宝上路：市场化终铸"荣誉杯"

【引子】

2004 年 8 月 13 日，嘉宝的物业管理人员在为金色夏威夷商业楼清洗自来水水箱时，管理和监督工作出现了问题，导致楼内餐饮店在消费高峰期断水。

这次事件，让嘉宝深层次的问题浮出了水面——公司的管理和业务能力已经不能满足飞速发展的地产业务和业主的需求。

几天之后，蓝光决定通过招标的方式为香槟广场和三号地确定管理公司。这对嘉宝来说是个巨大的打击，意味着集团已下定决心加速推动嘉宝的市场化。

面对物业管理市场日新月异的变化，蜕变后的嘉宝将交出一张怎样的答卷？

孵化与创业

"吴少泉"这三个字对于蓝光的老客户来说再熟悉不过了。

20 世纪 90 年代，吴少泉在蓝光大厦的停车场担任管理员一职。随着车辆的增多，当时在蓝光大厦写字楼与酒店之间规划的共用停车位，越来越难以满足用户的需求。不仅车位数量少，其形状也不标准，停车压力极大。为了给客户提供最好的服务，吴少泉始终坚守岗位。当车主们听到他亲切的指挥声，看到他奔跑的身影时，都打心底说出一句话："看到吴师傅就放心了。"

吴少泉的所作所为只是蓝光服务精神的一个缩影。在当时，物业管理行业尚处于初级发展阶段，但蓝光已形成了"吴少泉式"的服务内核，并一直延续下来。

蓝光大厦、中天大厦、金洲商厦……蓝光的各个地产项目在成都落地生根。集团成立了专门的物业服务公司分别为不同的项目服务。第一次接触物业管理的蓝光，用真诚与热情弥补了新手的不足。

20 世纪 80 年代初期，物业管理的概念伴随着住宅商品化的进程进入我国。到 2000 年，经过 20 年的探索实践，物业管理进入了快速发展的阶段，成为我国房地产业的重要组成部分。其对居住环境的改善，甚至对城市的管理起着重要的作用。

2002 年，党的十六大确立了全面建设小康社会的宏伟目标。以住宅为主的房地产业成为全面建设小康社会时期国民经济增长的强有力的推动力。人们对良好的居住环境的需求，刺激了商品住房的供应，也拉动了物业产业的发展。

此时，蓝光地产迎来了发展的第一次高峰。2000—2004 年，无论是从开发规模、市场份额、投资收益率，还是从商业活力和对城市的推动力来看，蓝光都处于这个时期成都商业地产品牌的领先地位。这让每一个蓝光人心生自豪。

从外部来看，大环境驱使物业管理产业的深化发展；从内部来看，蓝光地产项目的接连落地需要更大规模的物业服务来配套。蓝光清醒地认识到，房地产业的蓬勃发展，将为未来物业行业的发展提供广阔的空间。

集团决定升级原有的物业运行模式，规模化、集约化地整合不同地产项目的物业管理业务资源，成立新公司，开拓物业服务的新市场。

2000 年，成都嘉宝管理顾问有限公司成立，这是对在 1996 年成立的成都蓝光物业管理有限公司的升级。嘉宝的成立标志着蓝光的物业服务范围从原先单一的基础物业服务过渡到了商业地产经营和提供房地产咨询服务的阶段。

老蓝光人、现任蓝光嘉宝服务总裁刘侠谈起嘉宝的诞生总是格外激动："第一次体会到什么叫创业。"当时刘侠担任嘉宝总裁秘书，注册商标的事情就是他去办理的，"那个时候的嘉宝一个人当几个人用，我既是总裁秘书，还要负责行政和人力资源方面的工作。"

但对于嘉宝最早的一批员工来说，这是很正常的一件事。事多人少，大家抢着做，每个员工的心中都充满了创业的激情。

那时候还没有实行指纹打卡，蓝光的员工们用的是纸质考勤表，表上面印着"今日事今日毕"这几个大字。为了实现目标，正在创业期的嘉宝员工们卯足了劲，彻夜奋战着。

蓝光在这期间开发的商业项目，各有故事。

玉林生活广场拉开了"成都夜生活"的序幕。嘉宝投入了大量的人力、物力来维护周边的治安环境。

蓝色加勒比主打餐饮业，开业初期业绩不佳。嘉宝力破阻碍，邀请了大商家入驻，带活了市场。

▲ 成都蓝光耍都商业街

耍都是蓝光第一次尝试将前期销售与招商同步进行的项目。这种"双管齐下"的方式遭到部分业主反对，蓝光招商团队和嘉宝不厌其烦地召开商家会和业主会，用"双赢"的理念说服了大家。

嘉宝如今的稳步发展与蓝光的正确决策是分不开的。

阵痛与蜕变

在金色夏威夷发生断水事件的几天之后，蓝光决定通过招标的方式，为香槟广场和三号地确定管理公司。这是嘉宝成立以来遇到的第一次"强地震"。蓝光的这一步，真正将嘉宝推向了竞争激烈的物业服务市场。

▲ 成都蓝光金色夏威夷

在针对金色夏威夷事件的专题会议上，杨铿毫无避讳地指出："问题的关键在于领导层缺乏管理能力、责任感和事业心。团队也不够努力和勤奋，缺乏凝聚力。"

这一席话触动了嘉宝人心底"知错就改、知错敢改"的蓝光精神。会议之后，杨铿亲自参与制定了一系列整改措施，强化了奖惩制度，引进了中高层管理人才。

这种整改，深入人心。带着对精致服务的全新理解，经过两个多月的努力，嘉宝公司的改革取得了阶段性成效。这种成果不仅体现在嘉宝的服务质量上，更体现在嘉宝内部管理从严、奖罚分明、积极奋斗的企业氛围中。

嘉宝的蜕变重新得到了蓝光的肯定。2004 年年底，蓝光将春江花月和东恒国际正式交给嘉宝管理。

为了保证这两个楼盘的顺利开盘，嘉宝的员工克服了重重困难，加班加点，关注每一个细节，从每一盆花的摆放、每一盏灯的照明，到每一寸地板的清洗，无不显示出嘉宝人的敬业。最终，这两个项目完美亮相。

嘉宝逐渐克服了在招商、策划和基础管理三大核心能力上的短板，取得了蜕变之路上的初步胜利。但要想一直稳步前进，就要提高公司的管理能力，这就需要公司对人才队伍的建设加以重视。只有拥有一支高素质的人才队伍，才能在服务市场无往不利。

引进人才，实现转型

2004 年下半年，嘉宝的"第一枪"打在了内部人才优化上。

首先，嘉宝通过内部公开招聘，发掘了一批优秀人才，并为他们提供了公平竞争的机会和发展的平台。其次，嘉宝通过岗位考核，分级定薪，让每一个员工都深刻地认识到承担责任、提高自身能力与公司发展的关系。

"第二枪"，是从外部引进人才。嘉宝在 2004 年规模性地引进了 10 余名中高层管理人才，在 2005 年更是拉开了人才引进的闸门。

现任蓝光嘉宝服务董事长姚敏，便是引进人才中的一员。

最初，姚敏在报纸上看到蓝光的招聘启示，他很赞同这个企业的文化——让客户满意，对员工关怀。对物管事业拥有极大热情，且经验丰富的姚敏知道，在蓝光的企业文化中成长起来的嘉宝，将是成就自己事业的平台。

在嘉宝，他对这里的人才培训机制感触颇深。只要员工愿意学，嘉宝就会提供机会，不仅是在公司内部，而且还会提供对外交流学习的机会。

蓝光崛起过程中的一位得力干将--张志成，也是这个时期在嘉宝成长起来的。张志成 2002 年从成都市青白江房管局辞职进入蓝光。2004 年 1 月至 2010 年 8 月，张志成担任成都嘉宝管理顾问有限公司副总裁、总裁、董事长；2010 年 8 月至 2014 年 6 月，担任蓝光集团副董事长、总裁；2014 年 6 月至 2015 年 4 月，担任蓝光和骏实业有限公司副董事长、总裁；2015 年 4 月至 2017 年，担任蓝光发展副董事长、总裁。在嘉宝的工作经验，为他之后在蓝光地产的才能施展打下了坚实的基础。

为了更好地开发商业项目，嘉宝作为物业管理公司介入地产项目的时间越来越早。从前期拿地、进行商业规划，到后期的招商、补位招商等，再到正式开放运营，嘉宝都全程参与其中。作为"服务商家的商家、经营商家的商家"，嘉宝在每个商业项目中采取不同的策略，更好地将资源整合到一起，给商家提供更专业的经营支撑。姚敏介绍说，那几年嘉宝人为了造活商业地产项目，在商铺布局中创新，经历了"激情燃烧的岁月"。

凭借丰富的物业管理经验、专业的人员培训机制和不服输的奋斗精神，嘉宝站稳了脚跟。虽然蓝光在刚转向住宅地产时，把好几个项目——时代华章、金色郁金香、米兰香洲、君悦领地等，交给了其他物业公司去管理，但这样的做法却促使了嘉宝快速成长。

嘉宝适应了时代的变化，在市场的锻造中迅速实现转型，很快将物业服务从商业地产领域扩大到住宅地产领域。

在这个过程中,嘉宝遵循了蓝光的"双满意"原则,即"客户满意是我们的第一目标,尊重和关心员工个人利益",不仅收获了业主对蓝光的信任,还培养出一批又一批优秀的物业管理人才,得到了市场的一致认可。

"泛产品"时代

2012年,四川嘉宝资产管理集团有限公司正式成立。

相比10年前成立的成都嘉宝管理顾问有限公司,此时的嘉宝不仅拥有了国家物业管理企业的"一级资质",主营业务范围也大大拓宽,包括现代物业服务、商业地产经营、高尔夫及酒店运营和房地产咨询顾问等业务。

从前,物业管理公司通常被认为是地产公司的后备军,但这种说法已经不适合目前的发展状况。蓝光对嘉宝的要求是企业和产业化发展并重。

独自上路的嘉宝,无论是夯实基础业务,还是对"泛产品"进行开发与应用,都取得了不凡的成绩。

在物业管理基础业务方面,至2018年年底,嘉宝在管建筑面积已超6 060万平方米,其中市场化规模占比达到了55%。在产业多元化发展方面,2018年,其物业管理收入占比达61.4%,咨询服务达15.8%,社区增值服务达22.8%。营销代理、顾问咨询、资产管理、资源经营、产业投资等高附加值业务稳步发展,使得蓝光物业成为四川物业服务的龙头。此外,嘉宝还将网络和信息技术与物业管理相结合,大大节约了人力成本。二十载磨一剑,嘉宝交出了完美的答卷,铸造了一座又一座的"荣誉奖杯"。

目前，物业行业正由劳动密集型产业向规模化、集约化、专业化经营的技术密集型、服务创新型产业转型和升级。物业管理的中心逐步从"物"向"人"过渡，从不同群体的需求出发，提供定制化服务，这是物业服务未来发展的方向。

2014 年，蓝光推出"生活家系统"。这个系统集居家服务体系、健康服务体系和文教服务体系三大核心社区服务功能于一体，真正从人居需求出发，并开设了健康咨询、社区文化、亲子教育、业主服务、购物休闲等一系列版块，开行业先河导入"4C"现代生活方式。这个系统的发布，标志着蓝光产品的全面升级，也是蓝光嘉宝物业走向现代化的重要里程碑。

高质量的物业服务不仅让客户满意、惊喜、感动，也是对蓝光的支持。

"努力奋斗就能留下痕迹。"嘉宝一步步走到今天，靠的是蓝光的正确指导和众人的努力。为使基业长青，嘉宝人还将继续创造辉煌。

【手记】

2016 年，嘉宝经营总收入为 6.58 亿元；2017 年为 9.23 亿元；2018 年为 14.64 亿元。嘉宝正在爆发式地成长。

2018 年，蓝光发展启动了子公司蓝光嘉宝的 H 股上市计划，拟通过资本市场的运作，创建新的资本平台，促进公司现代化服务业的可持续发展，实现产业版图的扩张。

2019 年 10 月 18 日，嘉宝在港交所主板成功挂牌上市。

未来，在物业服务的领军者里，一定有嘉宝的身影。

第五节 | 蓝光第一宅：华丽转身

【引子】

2004 年 12 月 15 日，蓝光首个住宅地产项目——御府花都开盘。这个楼盘占地 38 亩，开了行业内临街外围堆坡造景的先河。

开盘当日，热闹非凡，前来咨询和购房的人络绎不绝。这让蓝光人忐忑许久的心，渐渐平静下来。

这一年，摆在地产商面前的不仅有商业地产，还有住宅地产。

从这一年起，"转向住宅，再创辉煌"成为蓝光数次战略会议上的主要议题。这是蓝光在成都商业地产市场崛起之后，基于对市场和企业的双重考虑做出的又一次突破性战略规划。

御府花都，是一个新的起点。

转型的思辨

2004 年，是中国房地产界风起云涌的一年。

各大中心城市复杂的市场，催生出多种商业模式：万达开始在各大城市推行"订单商业模式"；恒大在不遗余力地加快产品的更新换代；名噪一时的合生创展，得到了王石的青睐。

房价的飙升导致市场风险不断攀升，各地专家学者频频发文，呼吁国家出台政策遏制炒房团抬高房价。事实上，国家也未料到房地产市场发展得如此迅猛，使经济秩序受到了冲击。因此，国家在这一年紧急出台了《关于继续开展经营性土地使用权招标拍卖挂牌出让情况执法监察工作的通知》（"8·31 大限"）、《商业银行房地产贷款风险管理指引》、《国务院关于深化改革严格土地管理的决定》等四项有关房地产的政策。

而此时的蓝光，已凭借"玉林生活广场""蓝色加勒比广场""要都"等项目的成功，在成都商业地产市场占据半壁江山。蓝光成为当时成都商业地产的标志性企业。

令人没有想到的是，蓝光在此时提出了"转向住宅，再创辉煌"的全新战略目标。

这样的战略转移，让业内人士感到不解：商业地产做得好好的，为什么要突然做住宅？为什么要"扬短避长"？

2002年，成都的商业地产一片火热，蓝光因此获得了巨大的利润。但物极必反，盛极必衰。商业地产大热的时候，就已经成为"过去时"。

很多人从当时的市场行情中已经看出了端倪：成都商业地产市场正在趋于饱和。但也有不少业内人士依旧看好商业地产的发展，还在不遗余力地抢占地盘。在蓝光看来，不管真理在哪一方，冷静分析市场环境都是保证决策正确的必要条件，只有提前做出应对，才不会被瞬息万变的市场所淘汰。

时局多变，杨铿开始思考蓝光的未来。

虽然蓝光过去在商业地产领域的成就值得肯定，但成都的市场毕竟有限。一个逐渐浮出水面的事实是，因为蓝光在成都商业地产界占据的份额过大，所以在某些地方不可避免地发生了自我竞争的情况。这虽然有利于蓝光的自我革新，但同时出现的自我消耗也是一个不可忽视的事实。更重要的是，产品迭代并不能真正改变市场需求的体量。

杨铿明白，要想让蓝光走得更远，只在成都发展商业地产是不切实际的，蓝光应当谋求一条更好的出路，谋求更大的成长空间。

此时，蓝光把目光放在了相比之下不那么引人注目的住宅市场，虽然利润不及商业地产的高，但这个市场却是未来城镇化进程的刚需，既不容易产生泡沫，也有更为巨大的市场体量。对于此时的蓝光来说，涉足住宅地产市场是一个两全之策。

住宅地产虽然利润低，但开发模式相对于商业地产而言要简单得多。虽然蓝光已经有了多年的建筑和运营经验，但要想在住宅地产市场获取利润，必须在保证质量的前提下，把住宅产品的项目工期缩短。因此，如何进入住宅市场并获得更大的生存空间，成了蓝光迫切需要解决的难题。只有研究出一套适合蓝光的发展模式，才能让蓝光在住宅地产市场立足。

艰难的第一步

2002 年年底，蓝光高层会议决定将位于成都市人民南路延线、占地 38 亩的土地开发为住宅项目，并定名为御府花都。

这是蓝光对住宅市场的"投石问路"，但在杨铿心目中，蓝光已经正式开始沿着"两条腿走路"的发展思路前进。

御府花都聚焦了太多的问题，但也承载着蓝光人的期盼。

在御府花都开工之前，很多业内人士预言土地市场的"招拍挂"时代即将到来。这意味着在资本和资源的双重劣势下，本土企业的生存空间将被大大压缩。同时，万科、万达、中海等一线房产企业也已落户成都，竞争将会更加激烈。

▲　成都蓝光御府花都销售中心

这是压在蓝光人心上的石头。可困难越大，蓝光人越要迎难而上，对御府花都的期望也越高。

时任御府花都项目经理的王刚，永远记得召开第一次项目会议的情形。

在那次会议上，蓝光高层任命了各个职能部门的主要负责人。他们对商业地产项目很熟悉，但对于突如其来的住宅项目，众人心中难免忐忑。杨铿当然知道大家心里想的是什么。在一次会议上，杨铿看着众人说道："在项目开始之前，要制订出一套既有实用性又有指导性的工程计划。计划一旦通过，就必须严守底线，按照计划推进，要在保证质量的前提下，缩短工期，这是要求，也是我们工程的核心。我们既要把我们在商业地产上的技术转化成住宅地产技术，也要让我们的项目团队更加强大。"

这是蓝光的第一款住宅产品，必须体现出蓝光的精神，要用好的产品来征服市场。建设速度快，产品质量高，就是蓝光对整个御府花都项目的要求。

杨铿一席话，让大家明白了肩上的责任。在他们看来，只要大家团结协作，坚定不移地贯彻落实领导的要求，就能克服一切困难。这是他们对蓝光的信任。

蓝光的金钥匙

2002 年年底，年味儿逐渐浓了起来，距离御府花都项目开工的时间也越来越近了。

各大企业开始进行年终总结。蓝光内部已经开始讨论年终大奖会花落谁家。然而此刻，蓝光的一个会议室内，御府花都项目组的人员却毫无喜色。

在此之前，项目组的各个负责人已经拿出了好几份工程计划，但最终都被否定了。眼看御府花都开工在即，如果这次的计划还是通不过，整个项目的进度就有可能会被耽误。

要制订一份既严谨又高效的工程计划绝非易事，尤其是在没有经验的情况下。项目组的各个负责人经过反复沟通和思考，终于制订出一份满意的工程计划。这份计划得到了蓝光高层的高度肯定。

对于项目组的各个负责人来说，虽然计划已经通过，但压在他们肩上的担子却一点没轻。计划中的工程进度是一种理想状态，因为没有做住宅产品的经验，实际中会遇到什么样的问题不得而知。

果然，在项目正式开工之后，意想不到的问题接踵而至。其中最大的一个问题是电力。

当时，成都的电力供应还不足，一到冬天的用电高峰期，工程停电的事情就常常发生。御府花都的项目也时常受到停电的影响。本来就紧凑的工期，加上停电的影响，更不可能按照计划完成了。蓝光通过和电力管理部门的多次沟通，才确保了御府花都施工时期的电力供应。

2004年年底，项目在规定时间内完成。这是当时房地产界的奇迹。

杨铿当然知道这个项目的价值，然而，真正让他高兴的却另有原因。

蓝光不只要开发出产品，还要通过开发产品梳理出一套属于自己的项目方法论，让企业存活下来，攻下更大的市场。

通过御府花都项目得到的经验，让蓝光了解到"计划管理体系"在住宅地产开发中的价值。这是一套属于蓝光的方法论。只有将这个方法掌握并熟练运用，才能将御府花都的成功延续下去。

从此以后，蓝光的"计划管理体系"成了蓝光每个项目的核心。在项目实施前，项目团队投入大量的精力制订出整个项目的方案。工程一旦开始实施，就必须保证工程的实际进度与计划进度一致。

蓝光正是凭着这一管理制度，在成都地区相继开发出了多个大热楼盘，而"蓝光模式"也成为企业争相学习的范本。

最后的检验

临近御府花都项目开盘的日子，每个人都不敢掉以轻心。

2004年12月13日，离开盘只剩两天。已有不少顾客在售楼部的门前排队等待。难道是开盘时间通知错误？

然而，让人没有想到的是，这些客户是怕等到开盘之日再来排队，会抢不到房子。

▲ 成都蓝光御府花都销售现场

对于蓝光人来说，这无疑是一剂强心针。多么华丽的言辞，多么高昂的士气，都比不上此刻排队等待的客户。

面对这样的场景，蓝光紧急抽调员工来售楼处维护现场。为了避免排队的客户忍受寒冬之苦，这些员工被分成若干个组，为客户提供帐篷、棉被、热水等取暖设备。

2004 年 12 月 15 日，一条消息引爆成都：御府花都——蓝光首个住宅地产项目开盘；开盘当日，盛况空前。

开盘当日，人们蜂拥而至。排队购房的长龙，一直延伸到了售楼处门前的绿化带边上。售楼处的同事忙不迭地给客户办理购房手续。即便如此，依旧有很多客户当天没能办完购房手续。

御府花都的开盘盛况延续了几天。一段时间内，"蓝光"和"御府花都"这两个名词，成为成都市民们热议的关键词。

御府花都的成功，让蓝光一下子找到了开启未来的"金钥匙"，也证明了杨铿对市场的判断是正确的。蓝光在这一年正式确定了"转向住宅，再创辉煌"的重大战略转移。

这一年，也被称为蓝光的"住宅地产元年"。

【手记】

2004年，蓝光在乱象频发的市场背后，敏锐地觉察到了时代的转变，做出了"转向住宅，再创辉煌"的战略转移，开创了"蓝光的住宅时代"。

"蓝光第一宅"的完美收官，成为蓝光正式走向住宅地产时代的里程碑。蓝光的"计划管理模式"也逐渐走向成熟，成为蓝光的杀手铜之一。"蓝光第一宅"让我们看到了蓝光作为一家优秀地产企业的特质，看到了蓝光人坚韧不拔的品质。

对于蓝光来说，这是它30年发展史上浓墨重彩的一笔。

"天下武功，唯快不破"，这八个字，曾被杨铿多次引用。

什么是快？

快，就是先市场一步想到，先人一步做到。这一特性，被彻底融入蓝光的血液中，成为企业文化。

在蓝光发展史上，"快"是高瞻远瞩，也是脚踏实地。直到今天，"快"依旧是蓝光无往不胜的利器。

第六节 "5·12" 中的那抹暖蓝

【引子】

捐款 1 000 万元人民币，成立志愿者团队赶赴灾区，协助机场分发物资，安顿受灾人员，组织员工捐款……2008 年"5·12"汶川地震后的两周，蓝光抗震救灾指挥小组进行了灾后救援工作。

地震带来了灾难，但政府与民间力量的支援和救助却如同温暖的光，为灾区人民带来了希望。这其中就有一束"暖蓝色"的光。

第一决定

2008 年 5 月 12 日，周一，是蓝光最忙碌的时候。开会，总结，部署新任务，一切照旧。14 点 28 分，蓝光总部高楼开始剧烈地摇晃，桌上的办公用品接连砸到地上，人们惊恐万分。

震动减弱后，员工们被安全转移到楼下的空地上。

确认无人员伤亡后，蓝光立刻召开了现场办公会，临时成立了抗震救灾指挥小组。杨铿在办公会上部署了工作："尽快准备充足的食物和水，各级领导要关心员工情况，有条件的可以把家属接到总部的广场上过夜避险。特别要关心蓝光的业主，尽可能及时地提供帮助。"

不久之后，中国国家地震局速报：四川汶川发生里氏 7.8 级大地震（后修订为 8.0 级）。

集团马上召开了董事会，会上很快做出捐款 1 000 万元支援抗震救灾的决定。蓝光在灾难来临的第一时间，用实际行动诠释了"心系民生，关注大众"的企业精神。"让公益成为企业的义务与责任"的理念一直引领着蓝光在公益道路上前进。

5 月 13 日下午 3 点，蓝光将 1 000 万元的捐赠以支票形式送到了成都慈善总会。这张支票后来被收藏在位于成都大邑县安仁镇的建川地震博物馆内。

"博物馆展出的是灾区群众搜集到的与地震有关的物品。这些东西让参观者的心情非常沉重。但蓝光的支票却让人感到满满的正能量。"博物馆的工作人员说。

机场，山路，现场

捐款只是第一步。很快，蓝光自发集结了一支蓝光志愿者队伍进行援助工作。平时默默无闻的保安、车队司机和食堂员工等，组成了蓝光志愿者的主力军。

大地震发生后，通往震区的道路被大面积损毁，交通成了最大的问题之一。蓝光志愿者团队没有贸然进入灾区，而是听从相关单位的指挥，去了双流国际机场。

全国各地捐助的物资被运送到了双流机场，急需人工进行"分类分发"。听起来十分简单，但想要做好却不容易。

由于各地灾情不同，需求的物资也不同，需要将分好的物资分别装车，送往各地。这项工作最需要的就是体力。

赶赴机场的蓝光志愿者以嘉宝的保安为主。他们身强力壮，每个人都想"多搬一点，再快一些"。现任蓝光嘉宝服务总裁的刘侠当时也去过现场，他说："我们蓝光的小伙子很受欢迎，战斗能力很强。这个工作很多志愿者都做不下来。这支志愿者团队一直留在机场帮助分发物资。"

真正的英雄总是默默无闻，却在最危急的时刻迸发出无穷的力量。

此时，在蓝光总部待命的车队也要出发了。地震发生后，除了留下小部分车辆与司机，确保公司值班员工的出行，其余的车辆都用于集结物资，待装车完毕，赶赴灾区。

1996 年成立的四川蓝光尚美饮品股份有限公司，虽然不是蓝光的主营业务板块，但此时却显得尤为重要。地震之后，蓝光尚美饮品马上清点了所有饮用水的库存，除留下一部分保证蓝光员工的用度外，其余的饮用水都准备运往灾区。

车队被分成两组，一组去往北川，一组去往绵竹，除装载饮用水之外，还准备了食品和药品。由于交通还没有完全恢复，道路损毁严重，路况危险。

短短四天的时间，蓝光车队出车近 30 次，将物资亲自送到灾区人民的手中。

此外，蓝光食堂美鱼馆的员工也投入了救灾工作。他们往返 1 000 多千米进入灾区，为警备司令部指挥中心、武装部指挥中心，以及虹口山区、向峨乡，特别是交通被阻断的龙竹村的解放军官兵、公安干警和灾民送饭菜达 9 000 余次。

参与过援助的王少民还记得："最难的是龙竹村。当时路全部断了，车也进不去。我们就 20 多人一起，每天每人负重 30 多斤（1 斤 = 500 克，下同）粮油、肉菜和调味品，徒步一个多小时进入灾区。"

没有人抱怨辛苦。这一切都是值得的。

令人温暖的工资

震后，生活偏离了正轨。许多工作都停了下来，商铺也紧紧地锁上了大门。

电视上实时播放着灾区的最新情况，牵动着全国人民的心。但蓝光有一个特殊的小团队却无暇顾及灾情，他们还有一个重要的工作需要完成。

5 月 14 日一早，负责工资核算与发放的员工就回到了岗位上。"按时发放工资"就是他们当时最重要的工作之一。蓝光员工众多，要全部核算完，并非易事。

5 月 12 日之后余震不断，治安和消防人员将财务部门的电脑搬进了抗震救灾指挥小组的临时办公室。负责工资核算的团队就在这里开始了他们的工作。计算量巨大，时间又极其紧迫。食堂阿姨亲自送来了饭菜，为大家争取分秒的时间。直到第二天早上，奋战了 24 小时的他们，才完成了工资单制作。

5 月 15 日，工资按时到账。

许多蓝光员工回忆起震后准时收到工资这件事，都感动万分："那几天许多工作都停下了。在特殊时期，即使推迟发放工资，大家也会理解，但没想到我们还是准时收到了工资。"

一位通宵核算工资的员工回忆道："当时领导的要求就是，一定要按时发工资。对于大部分基层员工来说，工资就是他们的生活保障。我们要尽最大努力让蓝光员工感受到温暖。"

除了准时发放工资，蓝光还为员工做了很多。

地震之后手机通信不稳定，公司及时为员工外接了三部座机，让他们能够第一时间与家人联系、报平安；临时在草坪和停车场安家的员工及其家人，每天早晚都能享用到热气腾腾的面条……事无小事，蓝光在震后种种温暖人心的做法，体现出了"尊重和关心员工的个人利益"的精神内涵。

蓝光人的身影

震后，还有一群人，自始至终默默坚守岗位，他们就是嘉宝人。

让我们将时间再次定格在 2008 年 5 月 12 日 14 时 28 分，也许很多人那时正慌忙逃离住所、建筑群，但嘉宝人为了业主、商家的安全，却向楼群跑去。他们组织大家安全撤离建筑群，安抚商家和业主的情绪，制订余震发生的紧急预案，检查设备设施受损情况，力争让可能发生的危险情况处于可控范围之内。

商管事业部夏威夷项目的秩序维护人员冷静维持秩序，并及时送水给撤离到安全区的人们；住管分公司的御府花都楼盘，一名保安背着一位 79 岁的老人从住所撤离；5 月 14 日，品管中心的电梯工程师在蓝色加勒比进行检查作业时，发生了一次强余震，他没有一丝惊慌，待余震平息后继续对设备进行检查……

嘉宝人肩上扛着守护安全的使命，心中永远记着"客户满意是我们的第一目标"。

地震数日后，许多人都回到了工作岗位，生活还要继续。无论步伐多么沉重，我们始终要重新上路。

5 月 23 日下午，在蓝光总部的艺术中心举办了员工捐款仪式，最

终募集到近 180 万元。捐款仪式结束时，大家一起在礼堂唱起了《明
天会更好》。

▲ 2008 年，"5·12"汶川大地震之后蓝光启动抗震救灾爱心募捐

　仪式，募捐总额为 1 787 769.42 元人民币

　　歌声中蕴含着蓝光对灾区同胞的祝福和为全社会贡献力量的决心。
"明天会更好"，是全社会的共同愿望，也是所有人一起努力的方向。

　　汶川大地震中，全国人民的爱心开启了中国慈善事业的公益元年。
时任北京师范大学公益研究院院长的王振耀，作为民政部社会福利和
慈善事业促进司司长参与救援工作时，评价汶川地震对我国慈善的意
义时说道："无论怎样都不会过高，那是开天辟地第一次展现出我国
公益慈善的力量。"

　　社会捐款、慈善组织第一次在灾难中扮演了如此重要的角色，弥
补了政府救灾的局限。慈善事业正在不断规范和前行。

【手记】

蓝光贡献出了自己的力量。蓝光帮助灾区恢复基建设施，安抚灾难中悲痛的心灵。蓝光将会继续探索新的公益模式，继续为社会贡献出自己的力量。

蓝光在汶川地震后十余年，以参与度更高、持续时间更久、影响力更深远的形式开辟了新的公益道路——在废墟之上新建学校，推动贫困山区的乡村教育，帮助落后地区进行基础设施建设……蓝光公益永不止步，它将以实际行动表明"让人们生活得更幸福，让身处的社会更文明"的决心。

第三章 向前方

（2008—2019 年）

在行业资本和金融资本的推动下，中国房地产行业蓬勃发展，规模化效应凸显。在这样的契机下，蓝光也打开了全新的局面。

重庆"十里蓝山"开盘售罄，蓝光逆流而上，开始了全国化征程，谱写了楼市寒冬期的传奇；峨秀湖国际度假示范区惊艳亮相，成为峨眉山下的一件艺术品；2010 年，三个高端项目在成都和北京同时亮相，显示了蓝光在精装高端市场的实力；全面改革，二次创业，蓝光未雨绸缪，绝地反击，要做追赶者和破壁者；"COCO 系"横空出世，创造了楼市奇迹，体现了其"高周转"的实力，也开创了产品"标准化"的全新起点。蓝光发展在上交所成功重组上市，终于驶上资本市场快车道，彻底改换了一种活法。全新品牌主张"更懂生活更懂你"和"善筑中国温度"的产品主张应运而生。同时，教育扶智、产业扶能，是蓝光一如继往坚持履行的社会责任。

"蓝色的信念，像智慧和坚韧的灯塔，指引着我们——向前方。"其中有不改初心的信念，有一往无前的勇气，更有顺应时势、洞察先机的战略眼光。

第一节｜逆流而上，蓝光出川

【引子】

2008年岁末，蓝光在成都的6个项目、共计近万套住房需要交付。这在成都地产界是一个奇迹。

12月27日，"中国魅力榜"首度将颁奖地点从北京移到四川，在蓝光·观岭国际社区，向在2008年汶川大地震中承受了巨大痛苦的四川人民致敬。

蓝光人不会忘记，这一年蓝光有多难。残酷的"价格战"，让众多进退两难的中小型房地产企业一朝坍塌。但蓝光凭借着速度与胆识，成为寒流过境之后屹立不倒的房地产企业之一。

压力之下，蓝光毅然踏上了进军全国市场的道路。蓝光在楼市的寒冬期创造了奇迹，在"全国化战略布局势在必行"的背景下，成就了"十里蓝山"。结局惊艳，过程惊险。

楼市冬季，蓝光突围

2008年11月15日，重庆"蓝光·十里蓝山"项目成功亮相，创下开盘售罄的佳绩。首批推出的44套别墅，在短短1小时内便被客户抢光，实现首批销售回款8 000多万元。

这是蓝光进军全国房地产市场的第一个项目，是楼市寒冬期的传奇。

2008年被地产行业称为"史上最寒冷的冬天"。

▲ 重庆蓝光·十里蓝山（一）

自 2005 年起，针对房地产业持续过热、房价上涨过快的现象，中央政府不断推出政策调控楼市。2005 年的"国八条""新八条"，2006 年的"国六条"，以及 2007 年央行连续 6 次小幅加息和"9·27 房贷新政"的出台，使购房人申请房贷的条件日益严苛。

2007 年年初，次贷危机在美国拉开序幕，金融风暴席卷世界主要金融市场——美国 30 余家次贷公司陆续停业，投行巨头相继爆出巨额亏损，华尔街在全世界的注视下崩盘，中国也被卷入风暴之中。

"5·12"汶川大地震更让成都楼市雪上加霜。"汶川地震将成打压房价的强音，房地产价格地震的震中是成都""地震将影响全国房产，投资客将尽快从楼市撤退"等怀疑的声音在互联网上迅速传播。

宏观调控的"大手"压着楼市，金融危机来势汹汹，地震震动了消费者对不动产的信任，成都楼市进入了寒冬。2008 年 10 月 22 日，财政部《救楼市保民生 国家免税降利率》一文中，鼓励居民首次置业，支持改善型自住购房。然而政策救市也未能及时遏制住地产寒流。

整整一年，房地产开发商都在困境中搏斗。

2007 年年末，王石提出了"拐点论"，他认为目前的房价不再有继续上涨的空间。2008 年年初，在成都仍然微寒的春天，万科首先打响了价格战——"青年置业计划"精准抓取"刚需"消费者。

万科的计划作为价格战的引火线，为 2008 年成都楼市的市场销售定了调，"降价"成为这一年成都楼市的第一关健词。

在这种背景下，蓝光率先在位于航空港的圣菲·阳光里打出 2 560 元/平方米的价格，有人戏说这是一次"最牛的降价"。11 月 29 日，城南的蓝光凯丽香江项目开盘，起价仅 4 180 元/平方米，以每平方米低于该区域 2 000 元的价格震撼了市场。这块被誉为"精瘦肉"的地块，是蓝光以每亩 1 300 多万元的价格买下的。蓝光竟有魄力和能力将售价做到如此低。

"每一次搅动市场的是他，最先跳出来的也是他，关键是每一次他都收获颇丰。"在其他开发商的叹息中，蓝光赢得了先机，也赢得了尊重。

"只有退潮的时候才知道谁没穿短裤。"股神巴菲特的名言持续应验。整个房地产行业都面临着销售断流与银行"断奶"的双重困境，但蓝光杀出重围，不仅获得了生存空间，而且在困境中绝地反击，坚定地踏出了进军全国的第一步。

十里蓝山，进军全国

蓝光要走出四川。

这个想法，其实早已在杨铿的心中埋下了种子。从商业地产转向住宅开发的那一刻起，蓝光就在做准备了：首先是对全国住宅市场需求进行调研，对房地产行业发展的趋势进行研究，对商业/住宅信贷政策进行分析；其次是引进住宅开发人才，储备住宅开发合作伙伴单位；最后是引入 CRM 系统。经验的积累与行业的创新，使得蓝光蝉联 2004—2008 年成都楼市的销售冠军。

对于此时的蓝光来说，发展，不仅意味着扩张产业，还意味着扩大市场覆盖范围。这不只是发展的必经之途，也是遭遇行业风险时的应对之法。如果说在 2008 年之前，蓝光的两次重大转型——从汽配转向商业地产和从商业地产转向住宅是有备而来，那第三次转型——产业扩张，布局全国，就是狭路相逢勇者胜。

杨铿判断道："不走向全国，你就只能永远是一支'地方军'！全国化战略布局势在必行，它不仅分散了市场风险，更可以让企业规模更上一层楼。"而重庆的十里蓝山项目，是蓝光出川的第一步，也是蓝光在全国房地产市场下行时的背水一战。

2007 年，蓝光开始筹备十里蓝山项目。拿地、设计、方案的报规报建，施工图的敲定，工程建设的开展，每一个步骤都制订在严格的时间计划表中。而每一步，都能展开一幅十里长卷。

不断革新的人居理念，一直是蓝光的追求。十里蓝山作为蓝光进军全国的第一个项目，其所有参与者都抱着"不惊艳、不谋面"的态度。在项目设计中，蓝光立志哪怕付出再大的代价也要打造精品。

十里蓝山，依山而建，巴南区优美的自然风光赋予建筑原始的灵气。在对项目所在地进行多次考察之后，设计团队将风格确定为意大利托斯卡纳建筑风格。一提起托斯卡纳，人们就会想到金色的阳光，红色的土壤，浓绿的森林、葡萄园和橄榄树。在别墅等建筑领域，托斯卡纳风格代表了朴实富足的田园生活，是人们对浪漫、温暖的生活的美好寄托。

▲ 重庆蓝光·十里蓝山（二）

蓝光就是要在快速发展的城市中，修建一处现代人的精神居所。十里蓝山由上海一家设计公司引入重庆本土资源进行设计。设计稿出来之后，蓝光找到了北京的两位意大利设计师。他们针对设计稿中托斯卡纳风格的建筑布局、象征符号、颜色特征等，又做了一次系统的修改。

负责十里蓝山项目的蓝光重庆公司副总经理王刚对此印象深刻："我们既然要做托斯卡纳建筑风格，就一定要原汁原味，不能'画虎不成反类犬'。"

十里蓝山项目当时的工程负责人陈礼勇也回忆说，为了还原原汁原味的意大利托斯卡纳风格建筑，公司多次组织考察，借鉴了许多细节表现的经验，为后来的施工打好了基础。

精准的设计是打造项目的第一步，但在十里蓝山的建设过程中，蓝光遭遇了巨大的挑战。在十里蓝山之前，蓝光深耕地势平坦的成都，而重庆多山，十里蓝山是蓝光第一个依山而建的项目。为了创造一个良好的开端，蓝光决定在离市政公路最近的地方，打造示范区吸引消费者，这也是蓝光传统的"营销打法"。

"当时正值房地产市场下行，而十里蓝山项目对于蓝光又意味着破釜成舟的一战，需要一个华丽的开场。"陈礼勇说。

然而为了打造完美的示范区，没有山地建设经验的蓝光把山体尽可能地削平了，导致剩下的地块变得更加陡峭。蓝光不得不付出更大的代价去弥补和完善项目的后期建设。

那时的重庆巴南区尚属于发展较落后的区域，由于平坦的山路还没完全建成，拉建材的汽车可谓"靠天吃饭"。王刚还记得，有一段时间连续下雨，路面泥泞不堪，汽车根本开不上山。但工期不能停，只能用马拉砖头上去。

下雨天的泥泞，更给现场施工增加了难度。但施工单位迎难而上，通过多种方法完成混凝土的浇筑。"比如，用吊车、挖掘机、铲车，通过两台地泵串联多级提升等方式，保证下雨天也能顺利施工。"当时的情景，陈礼勇历历在目。

"高楼平地起"的背后，是蓝光人的坚韧和执着。

"开盘即清盘"，是蓝光在启动十里蓝山项目时设定的目标。虽然寒冬尚未过去，但蓝光用完美的产品和具有诚意的价格给市场带来了暖意。

十里蓝山之后，蓝光在北京开发的云鼎、在嘉兴开发的名仕公馆相继开盘，蓝光全国化的进程不断加快。与此同时，蓝光的商业地产时代缓缓闭幕。在蓝光的发展历程中，汽配时代的结束，昭示了房地产大门的开启；而商业地产时代的落幕，则拉开了住宅地产时代的序幕。

时代的洪流滚滚向前。"海阔凭鱼跃，天高任鸟飞"，广阔的住宅市场正等着蓝光去探索、去发掘。

内部求变，蓄势而发

2008年，蓝光对外忙于价格战和布局全国，而对内，蓝光在求变。

企业规模在扩张，但正在经历房地产寒冬的蓝光，深刻意识到一家企业要想逆流而上，产品开发、营销创新与成本控制缺一不可。良好的成本控制能让公司保存实力，撑到市场破冰。为了应对低迷的楼市，控制成本，杨铿带领蓝光及时调整了方向，制定了"全面预算管理"的方针。

"开源节流"是任何处在困难时期的企业都想要攻破的关键点。"开源"面对的是产品与市场，要求通过整合公司现有资源，发挥其最大效益；"节流"是降低与控制成本费用。全面预算管理是一种具有前瞻性的管理控制工具，在企业资源整合和战略管理中，充当着至关重要的角色。全面预算管理将企业的人力、物力和财力资源进行最优配置，最大化企业利润，帮助管理者进行计划、协调、控制和业绩评价的工作，做到"开源节流"。

创业至今，蓝光已有十几年成功的企业运作经验，但在最艰难的时期蓝光并没有选择墨守成规，而是内部求变。一家优质的企业，一定要不断更新管理模式，与时代接轨。它会让企业羽翼渐丰，抵抗住市场外部的千斤压力。

变的不仅是内部管理，还有对产品质量的精益求精。"5·12"汶川大地震的发生，让从成都起家的蓝光深感产品质量的重要性。蓝光必须消除消费者对高层建筑稳固性的疑虑。

震后，杨铿指示战略管理中心带头，联合蓝光产品开发部、市场部、公关部等，启动对建筑物防震技术的研究。彻夜不眠地解决各项难题。

杨铿和各部门的精英针对"如何进一步提升建筑质量和居住品质""如何提高人类面对突发性自然灾难的生存能力"等议题进行了全面的讨论。从防火、防震、避灾等安全系统的布置，灾难发生时的最佳逃生路线和避难场所的设置，到灾后各应急系统的独立运行等方面，确保了小区不论是遭遇人为灾害还是自然灾害，都能做到逃生有门，救灾有路，避灾有场所。

没有破产的行业，只有破产的企业。困境之中，蓝光内部从管理和产品两方面发力，顺利地渡过了楼市寒冬期。待"春江水暖"，蓝光将更加稳健地向更高更远的目标迈进。

【手记】

在 2008 年之前，蓝光有过两次重大转型——从汽配转向商业地产和从商业地产转向住宅地产。2008 年，蓝光制定了关键性战略——进行产业扩张和全国布局。

如果说，前两次转向，是考验蓝光把握机会的能力，那么 2008 年，则是考验蓝光应变行业风险的能力。

2008 年，在全球金融风暴的肆虐下，中国房地产遭遇三重行业危机，销售停滞、融资不畅和银根紧缩。而"5·12"大地震让成都楼市雪上加霜。市场陷入历史低谷。

只闻潮起不闻潮落的市场，不是理性的市场。在楼市寒冬期，没被淘汰的企业作为市场中的"长青树"，应以积极的态度，构建更健康的房地产市场。

时代变动，起伏不定。蓝光在低谷处坚韧，沼泽里动身，夹缝中布局。如今蓝光顺应时代，深耕住宅，在全国 60 余个城市，塑造蓝光风景，创造美好生活。

在这一时期，蓝光不断提升内在素质，已初具大企业的规模。在下一个发展阶段，蓝光将优化人才，变革组织架构，向千亿级房地产企业的目标迈进。

第二节｜峨秀湖：惊艳的试水

【引子】

2005 年，"文旅"第一次出现在蓝光的版图中。

五年后的 2010 年，峨秀湖国际度假区示范区隆重亮相，令业界惊艳。

如今，身为蓝光文商旅集团总裁助理的陈峰，已不再负责蓝光文旅业务板块，但回想起峨秀湖度假区示范区亮相时的场景，他仍抑制不住满心骄傲，并数次用"惊艳"一词来形容这一蓝光文旅的处女作。

在他看来，峨秀湖项目不仅仅是他职业生涯中的一首插曲，也不仅仅是蓝光众多项目中的一个，而是我国文旅产业粗放发展时期精心打造的一件艺术品。

"我们在每一个细节、每一个场景中，都注入了蓝光人的情怀与希望，"陈峰说。

峨眉山下

2005 年元月的一天，成都尚处深冬。吃过早饭，杨铿就带着一身寒气来到了办公室。身为企业负责人，他每天都来公司办公，这个习惯从创业第一天起一直保持到现在。

翻阅资料的时候，一组数据吸引了他的注意。那是国家统计局公布的 2004 年我国全年旅游业的各项统计结果：截至 2004 年年底，我国旅游业总收入达 6 840 亿元人民币，比上一年增长 40.1%，相当于国内生产总值的 5.01%。与此同时，国内旅游企业和从业人员的数量，也较 2003 年有显著上涨。

这组数据说明，我国终于走出了"非典"的阴霾，全面振兴旅游业的时机正在到来。这组数据也在杨铿和蓝光人的心中埋下了一粒叫作"文旅"的种子。

这一年，"文旅"一词第一次被写进了蓝光的战略布局中。

转眼到了 2008 年。这一年对房地产人来说，是尤为不太平的一年。国家对房地产行业的宏观调控，加上"5·12"汶川大地震，给四川房地产市场造成了毁灭性的打击。疾风知劲草，民营企业要想绝处逢生，必须背水一战。曾经的发展策略已不再适合蓝光，为了应对行业风险的侵袭，蓝光必须求新求变。

杨铿正式做出了新的部署：布局全国，启动上市，进军文旅。至此，蓝光文旅这粒种子在最艰难的环境里萌出了新芽。

打入旅游市场，说来容易，实施起来难如登天。做什么，去哪里做，每一个问题都令人想破脑袋。蓝光花费了近一年时间，对四川省旅游现状做了大量调研，一次次拟写方案，又一次次地推翻。在蓝光文旅人的心中，始终有一个坚定的愿望——进军文旅！但蓝光进军文旅绝不应该只是搭建一个景点那么简单，而是要做到让文化与旅游真正水乳交融，满足人民日益增长的文化精神需求。

在屡次受挫后，有那么一段时间，团队陷入了短暂的迷茫：蓝光是否已经做好了进军文旅的准备？四川旅游业是否也已经准备好拥抱蓝光？

2009 年 8 月 31 日，《文化部、国家旅游局关于促进文化与旅游结合发展的指导意见》发布，部署文化和旅游融合发展，鼓励大力开发高质量旅游项目。这一指导意见的发布无疑为蓝光文旅注射了一支强心剂，坚定了蓝光继续发展文旅产业的信念。几乎同时，国内大型文化集团——宋城集团启动上市，更让蓝光看到了国内文旅蓬勃发展的趋势。

好事成双。国家明确提出扶持新兴旅游业后不久，乐山市政府也向蓝光递出了橄榄枝。

峨眉山脚下，有一块八平方千米的整块地块，风景俊秀，环境宜人，被业内人士称为"黄金板块"。乐山市政府希望利用这块土地发展大文旅产业，实现城市旅游文化和旅游消费同步升级的愿景。这种提议与蓝光试水文旅的初心不谋而合。

不仅如此，紧邻名山的天然优势、承诺开通成绵乐城际铁路的交通优势和地理优势，似乎都在宣告着蓝光踏入文旅产业的时机已完全成熟，公司内外都在翘首等待蓝光文旅一鸣惊人的那一天。

天时，地利，人和。蓝光拿下项目，并立刻进入开发阶段。这里依山傍水，蜂飞蝶舞，令人流连忘返。置身其中，便知道所谓"黄金地块"绝非虚名。如何充分发挥这块"宝地"的优势，打造新型旅游地产业态，撬动当地旅游文化消费升级，是蓝光文旅之后将要通过的更为严苛的一场考试。

面对这样一个足以载入蓝光史册的项目，接手该项目的团队感到了一丝临危受命的紧张，但更多的是天将降大任于斯人的兴奋。

一鸣惊人

峨眉山是中国名山，景区盛名在外。但近些年来，却一直无法在年接待游客人次和旅游产值上与其他国内著名旅游景区相提并论，甚至连西部一些景区，也难以比肩。

有专家分析，这可能与陈旧的旅游产品结构有关。过去，中国人旅行的目的非常单一，即以文化及风景观光为主。但随着经济水平的发展，观光旅游已经明显过时，人们开始向往更多元、更丰富的旅行方式，体验式度假的需求逐渐凸显。峨眉山的旅游产业发展比较零散化，一直没有形成完整的产业链，虽然有少量的酒店、会议中心等，但都没有形成集群，缺乏全面的配套服务来满足不同层次旅客的需求。

此外，"90 后"游客群体日渐庞大，峨眉山的佛教文化显然无法对年轻人构成强大吸引力，挖掘峨眉山新的旅游消费点迫在眉睫。

蓝光看到了峨眉山旅游业的症结，并在峨秀湖的规划方案中将问题逐个击破，以缔造休闲度假目的地为愿景，构建大峨眉旅游文化产业集群，涵盖文化、旅游、酒店、会议、休闲五大产业主题。

整个项目计划用几年时间分期完成。首先开发的是酒店式公寓，紧邻湖畔，温泉入户；紧随其后的是风情商业小镇；最后引入多家高等级特色酒店，从而引导峨眉山旅游产品结构从"观光型"向"休闲度假体验型"全面转变。

愿景是美好的，但能否在八平方千米的土地上书写传奇，项目落成后消费者是否买单，任何人都不敢打包票。2009 年，首批假日半岛酒店式公寓开售，销量喜人，均价一度与当时成都市内房价持平。这份小小的成绩令陈峰吃了一颗定心丸，他从中看到了峨秀湖片区巨大的市场潜力。

2010年7月24日，峨秀湖国际度假区示范区隆重亮相。政府官员、媒体、评论家聚集在现场。数十台摄像机的黑色镜头如同一双双期盼的眼睛，热切地期待着这个文旅地产界的神话拉开序幕——一万亩大盘的文旅项目，不仅是当时四川省文旅项目的No.1，也是当时中国文旅项目的No.1。

▲ 峨眉院子——蓝光峨秀湖度假区项目中的一部分

数年磨一剑。蓝光文旅，从种子到萌芽，最终结出了第一枚喜人的果实。这一项目，成为蓝光发展史中的一个里程碑事件；这一天，被写入了蓝光的历史，宣告蓝光正式启动了自己的文旅元年。

令陈峰感到意外的是，示范区很快迎来了第一批调研考察团队——万达集团工作人员。陈峰礼貌地带领来访者参观、考察，探讨问题，交流经验。彼时，万达长白山国际度假区尚未开业，乐园、住宅、酒店与商业结合的模式，在中国还是一个全新的概念。等到此类度假区模式在国内如雨后春笋般涌现时，已经是两三年后的事情了。

"惊艳亮相，轰动入市。"很多年后，回想起峨秀湖示范区亮相的场景，陈峰用简短八个字，概括了被闪光灯和掌声包围的那一天。

责任底线

命运无常——你无法预知掌声和鲜花之后，潜伏着多少磨难。峨秀湖示范区落成一年以来，蓝光受到了媒体和业内专家的多方赞誉，蓝光文旅名噪一时，峨秀湖度假区成为蓝光内部最为人瞩目的明星项目。

陈峰说，那一年的蓝光用"大红大紫"来形容也绝不为过。

就在团队蓄势待发，准备将计划一一变成现实时，一纸文件瞬间将热火朝天的峨秀湖项目小组打入了冰窖。

2011 年下半年，四川省国土厅推出了一项新的土地政策。政策的调整直接影响了蓝光的计划。这几乎意味着，蓝光有关万亩文旅大盘的规划，将要被修改甚至推翻。而原来承诺的用地面积，在新政出台后也不得不大幅缩减。

新政策如一枚铅块，沉甸甸地压在了团队每一个人的心上。

受到政策牵连的企业不只有蓝光。峨眉山脚下，一家接一家的民营企业退出了正在开发的项目。刚打好地基的别墅，只建了几层的酒店，开发了一半的商业街……预想中富丽繁华的峨秀湖畔，在那段时间里，几乎变成烂尾项目的收容所。

是在不可抗力面前灰头土脸地退出，还是不达目的不罢休？蓝光人从不言败，但也并不莽撞。面对突发事件，公司内部迅速召开会议，研讨对策。

"我们要坚守责任底线，在困境中寻找办法，主动迎变应变，保住初心。"这是那场会议上，杨铿对整个项目组提出的要求。

在困境之中，企业审时度势，明哲保身，无可厚非。但善始善终，信守承诺，对用户和社会负责到底，才是企业的精神和灵魂之所在。项目无法按原计划实施，愿景难以实现，当然令人难过。但无论是成熟的职场人，还是一家成熟的企业，都必须具备鼓足勇气面对现实、攻克难关的能力。

万亩文旅大盘的计划无法落实，却依然可以"螺蛳壳里做道场"。何况峨秀湖畔并非螺蛳壳，湖光山色，留给了蓝光文旅广阔的施展空间。

2012 年，蓝光退出了峨秀湖的项目整理，转为经营状态。即使在如此不利的情况下，蓝光依然以最严谨的态度对待每一个项目、每一个细节。把该做的事情做好，这是每一个蓝光人朴素的信仰。

陈峰之后独自去过几次峨秀湖现场。正是草长莺飞，踏青好时节，有人环湖散步，有人垂钓、野餐，还有远道而来的游客，在民俗小镇里兴高采烈地拍照。陈峰以近乎深情的目光凝望着这一切，仿佛凝望的是一件精雕细琢的艺术品。入职蓝光以来，他第一次感受到，对于一个地产人来说，或许最大的骄傲不是做出多么富丽堂皇的宏伟项目，而是给尽可能多的人带去切切实实的快乐。

或许有一天，机遇会再次叩响蓝光的大门，蓝光文旅得以重拾被封存的愿景，将那些绚丽多彩的想法在这片土地上一一变成现实。陈峰不再急躁和焦虑，他愿意为那个时刻耐心等待。

反正，蓝光早已做好了准备，接受命运的考验，也接受命运的垂青。

峨眉骄傲

2012 年 4 月 29 日，蓝光文旅峨秀湖国际度假区六期一批次酒店式公寓盛大开盘，开盘三日全部售罄，房价追平成都市内房价。这是继 2009 年首批假日半岛公寓取得销售佳绩后，蓝光的业绩又一次在峨秀湖片区一骑绝尘。

在投资者眼中，蓝光始终强大、可靠、稳步发展，却不知道这种稳健，是蓝光用巨大的努力和不懈的坚持换来的。

2012 年"十·一"黄金周，四川盆地悄然入秋，气候逐渐转凉。峨眉山脚下，一座川西古镇，却在持续升温。

这座古镇就是峨眉院子——蓝光峨秀湖度假区项目中的一个组成部分，经过旷日持久的打造，终于在 2012 年 9 月开始试营业。

开业初期，峨眉院子迎来了一群特殊的客人。他们是新华社的记者，峨眉院子的火热激发了他们的好奇心：有宽窄巷子和锦里珠玉在前，为什么峨眉院子这样的仿古商业街仍然能得到游客的青睐？记者用脚步亲自丈量着这座川西院落的广度和深度，以独特的视角记录了这里的人、景和文化，并由此得出结论：商业古镇不能徒有其表，基于深厚文化内涵的文化自信才能产生巨大的市场吸引力。宽窄巷子和锦里属于城市的文化旅游街区，峨眉院子另辟蹊径，专注呈现"峨眉文化"，为古镇注入了活力。

▲　峨眉院子——蓝光峨秀湖度假区项目中的一部分

在设计整个峨秀湖度假区时，"峨眉文化"就是陈峰紧紧围绕的主题。在他看来，峨眉文化是丰富而多元的，包含着佛教文化、武术文化、民俗文化和温泉文化。但峨眉山景区过时的产品结构，导致其呈现给游客的就只有单一的佛教文化。峨秀湖项目不仅承担着引导峨眉景区旅游产品结构转型的重任，还肩负起了盘活峨眉文化的使命。

峨眉院子代表着川西的民俗文化。沿着青石板铺就的小路深入峨眉院子，武术、瓷器、熊猫等元素一一呈现在眼前。等到夜幕降临，华灯初上，还有彝族姑娘穿着民族服饰，载歌载舞。在这里，白天呈现的是以品茗、文玩、艺术欣赏为核心的"静态"美，而夜间，则是以餐饮、休闲、民俗体验为核心的"动态"美，"静态"观光与"动态"展示在这里交融，展现了川西民俗文化中的一动一静之美。

2014 年，蓝光安纳塔拉酒店经过三年的设计和建设周期，终于正式营业。酒店的建筑、装饰和景观邀请国际知名设计师操刀，将泰式风情与藏羌元素完美融合。

至此，经过这些艰辛和曲折，蓝光终于实现了那个承诺：决不烂尾，用创新的经营理念，建成现代度假产品群，为大峨眉景区注入新的生命力。

走进陈峰的办公室，第一眼就能看到一张用玻璃装裱的"军令状"，白纸黑字，书写着集团这一年要完成的指标。

这是蓝光的传统，几乎在每一个高管的办公桌上都能找得到，它提醒着每一位蓝光人：鉴往知来，不断进取。成功是短暂的，挫折是永恒的，蓝光式的发展，就是不断将永恒存在的挫折，转化为成功需要经受的磨炼；将每一次成功，当成下一次攀越失败的基石。

【手记】

蓝光文旅的发展并不是一帆风顺的，有过迷茫，感受过挫败，也遭遇了大环境变迁中不可抗力的打击。但蓝光像一枚指南针，几度摇摆后，最终还是指向了正确的方向。

生存，是企业运营的基础。但善始善终，为社会贡献价值，是一家企业莫大的荣誉。时至今日，依然很难用"成功"或"失败"来定义峨秀湖项目。但它从无到有、从大红大紫到退居至经营状态，蓝光文旅在困境中不断磨砺出坚强的翅膀。

2017 年，蓝光打造的现象级文旅产品"水果侠主题乐园"横空出世，深受瞩目。无论是体量规模，还是风格调性，"水果侠主题乐园"都与峨秀湖项目有着天壤之别。不能否认，蓝光文旅勇敢的创新精神、强大的抗风险能力和强烈的社会责任感，从峨秀湖项目中可见一斑，这是蓝光从更远的过去传承而来。

2019 年 11 月 5 日，蓝光发展宣布将旗下文旅集团和商业集团进行整合，正式成立蓝光文商旅集团，孕育蓝光"文旅+商业"的新型发展模式，专注文商旅地产整合投资及运营，推动城市发展。

风浪之中，才会诞生优秀的水手。蓝光文商旅未来的征途在哪里？我们拭目以待。

第三节｜春江水暖，登高望远

【引子】

提起蓝光公馆1881，不同的蓝光人对它有着不同的美好回忆。

在某个置业顾问的回忆里，有那么一个冬日，偶像张靓颖现身成都神仙树的公馆1881接待中心，为几天后的演唱会准备预演工作。这位从小生活在成都的著名的歌唱演员，始终与蓝光有着不解之缘。

对于项目团队来说，公馆1881是令人跃跃欲试的挑战。大平层与精装修的组合，能够充分调动想象力与过往经验，尽情施展平生所学。

对企业掌舵者来说，这是蓝光第一次进入高端精装修市场，标志着蓝光于2010年正式启动了"蓝光地产高端品牌元年"，战略意义非同寻常，并借此聚集了大量一流的供应商资源，为之后蓝光迅速推陈出新打下了基础。

墙壁会褪色，房子会变旧。但2010年和公馆1881这两个数字，却镌刻在蓝光的历史上，历久弥新。

"暖春"之后，何去何从

如果你走进蓝光的资料档案室，会看到按照年份陈列的《蓝光报》合集，从创刊至今，除了纸张微微发黄，全部都保存得十分完好。

翻开这些满载着回忆的文件，你会发现，从2008年到2009年，杨铿不断激励员工攻克难关的讲话，屡次占据了报纸的头版头条。"攻坚克难，修炼内功，做好产品，追求卓越。"这是蓝光2009年年度主题。

国务院制订的"四万亿计划""十大产业振兴计划"以及其他举措，互相呼应、支撑，以激进的姿态，打开了 2009 年中国经济的新局面。

在政策的强力刺激下，国内生产总值增速惊人，中国在世界上率先实现了国民经济总体回升向好。

房地产业当时并未在"十大产业振兴计划"之中，这在意料之外，情理之中，最先享受到经济回暖利好的确实是房地产行业。彼时，数以万亿计的银行资金徘徊于其他实体经济门外不敢进入，转而投入房地产。

房地产业于 2009 年年初率先走出了低谷，迎来了"暖春"，房价止跌回升。当年全国房价增长率达到 23% 左右，全国大部分重点城市的住宅成交面积环比呈上升趋势。

借着这股东风，蓝光也渐渐走出了地产危机的阴霾。但是在一片欢愉的氛围中，杨铿始终怀揣着沉甸甸的心事。作为蓝光这艘巨舰的掌舵人，他的思维总是相比常人提前了一步，需要去考虑蓝光未来将要面临的更棘手的难题。

此前，蓝光凭借哑铃形产品结构在四川站稳了脚跟。所谓哑铃形产品结构，即专注主流刚需市场，延展高端产品。在这种产品结构下，蓝光开发了富丽系等刚需住宅楼盘，也推出了诸如香瑞湖、雍锦湾等别墅项目。

但是在地产危机、全球金融海啸之后，我国原有的房地产市场格局已然被打破重组。蓝光凭借传统的产品结构，是否还能适应危机之后的新局面？

这些问题，成为此后很多年，始终贯穿蓝光全局的母题。

每个阶段都是最好的时代，也是最坏的时代。杨铿与全体蓝光人时刻都绷紧了"攻坚克难"这根神经，蓝光才得以在大风大浪中勇往直前。

试水精装，大显身手

2009 年下半年，建筑师郭震从上海移居成都，入职蓝光。此时他并不知道，他在上海的工作经历以及对上海豪宅设计的熟稔，将很快应用于蓝光接下来的试水之作上。

曾有过多年乙方经验的郭震，起初对甲方大公司还抱有一些刻板印象，例如流程烦琐、做事拖沓。但入职之后，这些刻板印象一扫而光。作为一家以高周转闻名业内的公司，蓝光维持着极快的工作节奏。在蓝光工作，每个人都面临着体力和脑力的双重挑战。

更让他倍感钦佩的，是蓝光的"市场化"程度。在过往的工作经历中，他遇到过形形色色的地产公司，其中不乏长袖善舞者。蓝光则全然不同，它将自身完全投入市场，拿下的每一块土地都是通过参与土地招拍挂得来的。蓝光从不涉足灰色地带，而是凭借过硬的产品、优秀的管理能力和成本控制能力去和全国的同行公平竞争。这也是蓝光当时在土地拍卖会上频频拍出"地王"的重要原因。

2010 年年初，蓝光在同一天拿下了成都的两块土地，土地面积分别为 46 亩和 22 亩，刷新了当时的地价，再度拍出"地王"。就是在这两块昂贵的土地上，日后诞生了蓝光两大标志性的高端住宅产品——公馆 1881 和成都云鼎。

　　但在最初，郭震对这两个地块上该建成怎样的建筑有些犹豫不决。要像以前那样专门为富裕阶层开发别墅吗？地段似乎不太合适，建成后也难以保证利润，更何况别墅这种产品很容易面临市场饱和、后续销售动力不足等情况。继续开发刚需住宅吗？似乎又浪费了神仙树这个绝佳的"富人区"地段。

　　成都的冬天阴郁湿冷，蓝光的会议室里却热火朝天。杨铿一边阐述想法，一边在 A4 纸上画出草图，白衬衫袖口处不觉间沾染了油墨。说到激动处，他的额头上沁出一层薄汗，眼中却闪烁着炯炯的光芒。相比坐在办公室里听下属汇报工作，杨铿更喜欢将自己当成项目组的一员，与员工们一同进行"头脑风暴"，制订方案。

　　"必须做高端项目，而且做就要做好。"讨论会上，杨铿的话语虽简短，却向来有着稳定"军心"的奇效。蓝光早在 2008 年就将全国化发展提上了日程，如果想要成为全国性的顶尖地产企业，仅仅扩大业务的物理空间范围是不够的，还必须不断完善产品，推陈出新。刚需住宅是公司业绩的基石，而高端精品住宅项目能够丰富公司的产品线，提升公司的品牌价值。

　　如此看来，试水大平层和精装修成了蓝光的必然之举。但彼时，精装修住宅只在北上广等一线城市有所发展。在成都，精装项目尚未得到市场验证，鲜有愿意吃螃蟹的人。

　　不过，国家统计局发布的报告坚定了蓝光试水高端精装市场的信心。数据显示，中国逐渐走出了经济危机的阴影，人均收入相较 2008 年有了显著提升，居民对改善型住宅的需求正在不断增长。但是二线城市的房地产市场，尚未给这些需求制造足够多的出口。成都的高净值、高收入客户群体正在不断扩大，以此推算，未来改善型产品的市场份额将不容小觑。

至此，蓝光挺过低谷，拨云见日，开始重新进行战略布局：在"刚需"和"高端"之间，切分出更细的市场，针对不同的客户群体定制不同的产品，不断完善蓝光的产品线。

公馆 1881 和云鼎应运而生。前者主打大平层豪宅，为城市塔尖人群而建，受众年龄偏大，家庭结构完整；而后者面积相对较小，针对的是高级白领群体，受众也更为年轻化。

▲ 成都蓝光公馆 1881 销售中心

战略已定，接下来就是将想法付诸行动，将理念转变为实物，一种兴奋感萦绕在蓝光人心头。新的项目，可以为郭震和整个建筑设计团队提供施展拳脚的广阔舞台，蓝光工程团队、物业管理团队乃至营销团队，都将在这个项目中获得难能可贵的学习机会，再创佳绩。

千磨万击，终成佳作

若说蓝光上下谁对公馆 1881 项目的感情最为特殊，可能非**程耀贵**莫属。

2010 年，程耀贵任蓝光成都公司的常务副总经理，负责公馆 1881 和云鼎项目的工程管理。公馆 1881 破土动工一段时间后，他已经升职为成都公司总经理。在某种程度上可以说，公馆 1881 从立项到落地的过程，见证了他在职业道路上的快速升迁。

历史经验告诉我们，机遇与挑战总是呈现正相关关系。程耀贵抚今追昔时总结道，蓝光在紧紧抓住市场机遇的同时，也面临了三重考验。"正是杨总，带领大家通过了考验。"程耀贵说。

最大的考验来自工程建设和品质把控。

做刚需清水房，开发商和购房者更注重建造速度、户型朝向，对功能分区等细节不会在意。但批量精装修产品则对细节要求更高，功能分区的划分也更为严苛，传统的工程师思维在此便显得过于粗放且不合时宜。

磨刀不误砍柴工。蓝光虽向来主张"唯快不破"，但并不冒进。为了交出涉足精装修领域后的满意作品，蓝光特意聘请培训团队，帮助建立起适配蓝光的批量精装修管理体系。彼时整个项目团队奉行"样板先行"策略，大到一间卧室，小到一块地砖，每一样东西在确立之前都要先做出样板，然后以样板为标准，对样板进行严格评审，只有通过评审之后才被准许正式实施。

尽管时隔多年，程耀贵仍能满怀深情地回忆起当初工作的细节。

为了兼顾卫生间的实用与美观，材料工程师出差数月，跑遍全国石料集散地，在数以万计的产品中挑选出一款合适的石材；为了让未来居住其中的主妇在做家务时拥有上佳体验，设计师引入人体工学，无数次现场模拟，以求测算出最为舒适省力的厨房布局，刻度精确到厘米……如此事例不胜枚举，蓝光一步一个脚印将品控深入每一个环节、每一处细节。

也正是经历过如此打磨，程耀贵制定出了一套蓝光批量精装修管理体系，而且至今还应用于蓝光的各大改善产品系之中。

第二重考验，来自营销的考验。刚需时代，蓝光推出的刚需型商品房经常供不应求，销售人员惯常的接待刚需客户的礼仪、沟通方式和推销说辞，已经无法匹配高端客群的心理需求。蓝光对症下药，引入了五星级酒店和航空公司的服务思路，从着装、仪态到营销技巧，焕然一新。

第三重考验则是物业服务的迭代。伴随着客群、产品、营销的全面升级，传统刚需小区的物业管理模式显然也面临巨大的革新。就是这个时期，嘉宝公司引入了金钥匙（国际服务评估组织）的管理团队，构建出全新的物业管理体系，致力于为业主打造出更安静、舒适、充满人文关怀的社区环境。

在外人看来，杨铿是一名果决的企业家。但在蓝光人眼中，杨铿有很多面，抛开掌舵者的光环，他可以是一名产品经理、一名策划师，甚至是一个营销顾问。程耀贵说，这个项目从前期准备到后期的推广，每一次会议，都能看到杨铿的身影；每一个环节，都有杨铿事无巨细的关心。

除了专业培训，蓝光数次组织团队去国外优秀企业参观。在欧美考察期间，公司为团队预定了五星级酒店。这不仅是福利，而且是一种浸入式的学习。"只有亲自领略过高端的服务，我们才能反过来去揣摩高端客群真正的需求。产品应该融入我们的感受与体验。"杨铿的话言犹在耳。

至此，蓝光将公馆 1881 和云鼎项目当作跳板，完成了产品、管理、营销到物业的全面转型升级。这两个项目，仿佛一条漫长而曲折的隧道，蓝光从其中穿过，抵达了更明亮广阔的天地。

高瞻远瞩，三盘齐绽

数不清过了多少个通宵达旦的工作日，公馆 1881 逐渐现出了"庐山真面目"。它有着近乎完美的户型，其宽敞的客厅、有效的动静分区及科学合理的功能房无一不击中高净值客群的痛点。

站在窗前向外望，静谧典雅的园林景观尽收眼底，很难想象园林之外就是繁华喧嚣的城南。

程耀贵悄悄来到样板间，摸摸这里，敲敲那里，眉梢眼角藏满笑意。不知何时，公馆 1881 不再只是一份工作、一个任务，他早已将它当成自己呕心沥血打造的作品。

样板间还没正式开放，四周静谧无声，但程耀贵仿佛已经看到，数以百计的用户置身于甜蜜的生活里。

2010 年 8 月 28 日，公馆 1881、成都云鼎、北京云鼎同时开盘。成都与北京，是地图上相距甚远的两个点，却在这一天有了微妙的呼应。人们纷纷涌进样板间，在各个房间之中穿梭，对精巧绝妙的室内设计发出赞叹，对美好的未来产生了神往。

▲ 北京蓝光云鼎销售中心

这一天，成都公馆1881创下了2亿元的销售佳绩，北京和成都云鼎也业绩不菲。这些不断滚动的数字表明，蓝光又一次摸准了市场的脉搏。

除了客户的青睐，蓝光也屡次在专业领域折桂。2011年，在北京新浪乐居创新峰会上，云鼎项目获"年度最佳性价比楼盘"称号；2014年，公馆1881成功夺得"建筑界的奥斯卡奖"——中国土木工程詹天佑奖·优秀住宅小区金奖。

而今，蓝光伴随着中国风云激荡的改革开放进程，已经走过了四十多个年头。这叶曾经在市场经济大海上勇敢启航的独木舟，也已经成长为一艘一往无前的大船。今天的蓝光，三盘齐开，日销两亿元，已经是轻而易举就能实现的小成绩。但放眼蓝光的创业史，这一点"小成绩"却有着非同寻常的意义，它标志着蓝光完成了高端战略的落地，进入了"蓝光地产高端品牌元年"，也为日后蓝光转型改善、推出五大产品系积累了宝贵的经验。

"三盘齐开"的盛况不仅对蓝光意义非凡，在成都的房地产发展史上也足以写就独立的一页。

蓝光以其先驱者精神，不但丰富了自身的产品线，而且提升了成都房地产市场的多样性，助推成都房地产走上了一个更高的台阶。公馆1881和云鼎，让成都的购房者们见到了刚需房和别墅之外的另一种可能。精致典雅的装修，更是启发了人们对未来美好生活的想象。

自始至终，蓝光都可以自豪而笃定地宣告："我们为美好生活而来。"

【手记】

蓝光一直信奉"用产品说话"。从汽配厂兰光到四川蓝光，再到今天的中国蓝光，蓝光一次又一次用过硬的产品赢得了业界的尊重和受众的青睐。公馆1881和云鼎，也是蓝光在特殊的历史时期对市场发出的一次响亮宣言：蓝光不仅可以在刚需市场游刃有余，也能在精装高端市场做出一番成绩。

新的产品战略，对蓝光来说是一次勇敢的尝试，蓝光借此成为当时成都平层豪宅市场的先驱实践者。值得一提的是，北京云鼎项目，更是肩负了继重庆十里蓝山项目之后助推"四川蓝光"蜕变为"中国蓝光"的重要使命。

2009年年底"国四条"政策发布，一年后政策的影响逐渐抵达成都房地产市场，高端精装市场开始萎缩。但此时，公馆1881和云鼎早已完成了前期的销售工作，蓝光已经做好了充分的准备，跟随国家的步伐，拥抱新的政策。COCO系正是在此背景下应运而生。

　　蓝光，从不是什么幸运儿。它只是凭借卓绝的毅力与韧性，与时间赛跑，与市场赛跑，奋力跻身主流。有理由相信，危机中涅槃的蓝光，挥别旧日功与名，会以更昂扬的姿态向更高的山峰发起冲锋。

第四节 | 全面改革，二次创业

【引子】

2011 年 4 月 29 日，连绵阴雨后难得放晴的一天，成都世纪城新会展周边的交通，早早开始了管制。

这天上午，第 37 届成都市房地产春季交易会正式拉开帷幕，133 家开发商带着 228 个楼盘参展，用各种"刺刀见红"的特惠政策，联手制造出一片火热却又残酷的"阳春景象"。

不出预料，房交会现场区位最好、占地最广、装修最豪华、人气最旺的参会企业，又是蓝光。这一年春交会，蓝光带着"十盘围城"的大手笔，毫不掩饰地向同行和买房人展示着本土龙头企业的实力和气魄。

春交会上的"高光时刻"，不过是蓝光扎根成都开疆拓土的一个缩影。但鲜为人知的是，也就是在 2011 年，蓝光极具危机意识地在内部提出了全面改革的战略目标，正式踏上二次创业的道路。

这看似一着闲棋，实则是蓝光内外各种作用力催化的一次未雨绸缪。

领跑者蓝光：14 盘联动，规模为先

检阅一家开发商对一座城市的影响力，开发规模永远是最核心的指标之一。在成都楼市，虽然很多开发商凭借个别项目耀眼一时，但"无规模，不称王"依然是楼市主旋律。

2011 年，随着包括老牌央企和上市房企在内的一大批重量级企业的加速进入，成都楼市迎来空前激烈的竞争。尽管外来房企攻势凌厉，

但以蓝光为代表的成都本土房企依然十分"坚挺"，春交会上演的
"十盘联动大成都"，清晰传递出蓝光与全国一线开发商正面对抗的信
心和决心。

在大本营成都，当时的蓝光具有绝对的规模优势，年度内统计在
售项目高达 14 个之多（见表 3-1）。

表 3-1　2011 年春交会各房企在售项目数量

公司名称	2011 年在售项目个数
蓝光地产	14
置信集团	14
保利地产	9
恒大地产	8
龙湖地产	8
华润置地	7
绿地集团	7
万科集团	7
中海集团	7

如表 3-1 所示，蓝光在项目数量上与另一家本地开发商置信集团
持平，但蓝光的项目主要分布在核心城区，区位明显更优。更重要的
是，蓝光在产品组合上形成了明确的梯队分布，以应对不同类型竞争
产品的"围攻"。

除了在 2011 年相继推出一贯擅长的刚需产品——锦绣城、四叶
城、金楠府、SOFA 社区、圣菲 TOWN 城等项目之外，蓝光在 2011 年
8 月还大胆试水了云鼎、公馆 1881 两个高端精装项目，锁定的目标正
是改善型客群；而持续在售的别墅大盘观岭国际社区，则进一步强化

了蓝光在"高改"领域的存在感。

▲ 成都蓝光金楠府"盛夏嘉年华"客户答谢会

规模之外，蓝光连续七年稳坐成都楼市销量首位，在 2011 年还实现了销售额同比 20% 的快速增长。面对众多外来巨头的攻城略地，凭借多年的市场积累，蓝光艰难地扛起了本土房企的一面大旗。

但，闸门既已开启，白热化的市场竞争就不会休止，蓝光未来的对手，只会更加强大而凌厉。这种外在的压力，成为横亘在蓝光发展道路上的一个必须打破的瓶颈。

冲刺者蓝光：高效操作，速度为王

一家多次与蓝光正面交手的企业曾评价说：这个对手，"快"得令人心生敬畏。

快，是蓝光曾经公认的标签之一。

众所周知，快投资、快开发、快销售、快回款是房企高周转的四把"快刀"。蓝光的快，也源于这四个方面的惊人效率。投资快，在招拍挂市场上频频得手的蓝光是土地拍卖的常胜军；开发快，从拿地到预售的时间短得惊人；销售快，屡屡打乱竞品的营销节奏，成为区域内令人头疼的搅局者；回款快，住宅产品和商业产品的两线收割让同行陷入深度焦虑。可以说，每当蓝光进驻一个区域，都必然开启一场异常激烈的厮杀。

这种"蓝光速度"，有一个在当时让市场和业界刮目相看的案例。

2009 年 4 月 28 日，蓝光以 964 元/平方米的楼面地价拿下金牛区一宗商住用地。2009 年 6 月 25 日，这个项目正式浮出水面，以"花满庭"为案名取得第一次预售证。2 天后，花满庭完成了第一次开盘，市场反响极好。

从拿地到取得预售证，蓝光花满庭用时 58 天，到首次开盘，用时 60 天。这是 2009 年以来房地产界从拿地到开盘的最快记录，蓝光也借此开启了花满庭在城北的大时代，继而完成主城区的项目全覆盖计划。

极限冲刺当然不是常态。但花满庭的案例，足以说明蓝光在高周转模式下能够迸发出惊人能量。

到 2012 年，蓝光再次拿出了开发花满庭时的速度，在短短 1 年多时间内一口气推出 5 个项目，每个项目从拿地到首次领取预售证时间，均控制在 200 天以内，其中就包括满城开花的"COCO 系"。

复盘 2011 年前后的成都楼市，蓝光会采用这样的打法是有其客观基础的。首先，从 2008 年开始，成都的土地市场价格逐渐攀升，众多外地开发商的到来则进一步提高了拿地的成本。

同时，受"9070政策"① 的制约，这期间成都推向市场的土地容积率普遍不低，通常都在4.0左右，直接导致产品定位以刚需为主。

获地成本越来越高，产品主力区间又有刚性条件制约，蓝光不得不尝试更极限的操作：通过高频次拿地，用更多项目均摊地价成本；借助设计出新，挖掘90平方米以下极致刚需户型的潜力，在功能上实现溢价；资金快速回笼，借以缩减融资成本；节点内多盘齐发，在规模上实现集中效应，降低单盘营销成本……

毫不夸张地说，这是在特殊的市场发展阶段里，势单力薄的本土企业蓝光正面对抗资本雄厚的外来企业，还能够存活下来并且顽强发展的根本原因之一。

但让业界咂舌的蓝光速度，对它自身而言，何尝不是一场痛并快乐的"镣铐之舞"？

追赶者蓝光：千亿时代，何去何从？

2011年是房地产行业"黄金时代"的尾声，经历了野蛮生长的粗放式发展，能够轻易获得的行业红利，似乎已经消耗殆尽。

最明显的表现是，成都房地产市场从战国式的山头林立，逐渐形成了向大开发商聚集的"马太效应"。2011年春交会官方公布的参会企业有133家，加上并未参展的中小企业，理论上活跃在成都市场的房企不会低于200个。但在年底诞生的房企销售20强，贡献了超过

---

① 2006年出台的《关于调整住房供应结构稳定住房价格的意见》（也称9070政策）规定：自2006年6月1日起，凡新审批、新开工的商品住房建设，套型建筑面积90平方米以下住房（含经济适用住房）面积所占比重，必须达到开发建设总面积的70%以上。直辖市、计划单列市、省会城市因特殊情况需要调整上述比例的，必须报建设部批准。

90％的销售额，市场的两极分化，已经初现端倪。

不思变，则恐生变。极具危机意识的蓝光，在这一年主动打开了"内部反思"与"外部学习"的通路。

对内，全面的思考与宣传、贯彻，很快在蓝光内部展开。

2011 年 4 月 22 日，针对和骏计划管理体系全体员工及公司管理骨干的"'蓝光速度'实施方案及计划"培训在总部举行。时任副总裁赵杰要求：和骏公司各职能、子分公司结合"高周转"策略对业务体系进行全面梳理，坚持快速开发、快速开盘、快速回笼现金的运作策略，以预算安排为主线，对项目运作各环节通盘考虑，从现金流、资金运作、利润实现的角度，把项目的投入产出比做到最大，达成"最短时间内实现正现金流、最大程度减少资金投入峰值、充分利用资金时间价值、项目价值最大化"的目标，确保高周转战略的落地。

2011 年 5 月 19 日，蓝光控股集团董事局主席杨铿在"强化务实作风 提升执行力"的专题会议上指出，2011 年政策调控对房地产企业影响巨大，宏观形势不容乐观，民营企业如何在逆境中生存发展，企业的内部结构、工作作风、高层观念以及方式方法都起着至关重要的作用。

2011 年年中，时任蓝光和骏总裁的郭勇给公司员工写了一封公开信。在这封题为《如临深渊 如履薄冰》的公开信里，郭勇以"精装房交付"为由，正面提到了蓝光面临的发展困境。"如果你们没有预见未来困难的能力，那我们陷入的困境就会更加严重。所以我们要总结过去，更要预见未来，而不是故步自封。"从郭勇的文字，不难窥见当时蓝光核心管理层的"普遍焦虑"。

2011 年 7 月 4 日，蓝光下半年工作安排专题会召开，蓝光控股集团董事局主席杨铿在会上宣讲了地产板块下半年重点工作思路，要求以财务导向为原则，强抓经营销售，调整产品结构，盘活存量资产，加强母公司和子公司管控，加强基础建设及团队建设，全力保证 2011 年度目标的实现。

内部思考的同时，蓝光还将学习的目光投向了优秀的同行和标杆企业。

出走一线城市却意外收获了千亿业绩的万科，对房地产企业的发展给出了更高能级的启示。走出去，改换一片天。善于学习和思辨的蓝光，开始把目光投向更为长远的地方。

另一个启示则来自龙湖。1997 年龙湖在重庆开发了首个地产项目。2006 年，这个渝派房企的老大以"区域聚焦、多业态"为战略启动全国扩张，开发了重庆以外的首个项目——成都晶蓝半岛。2007 年，北京龙湖首个项目"滟澜山"面市，业务正式布局至环渤海区域。2009 年，龙湖登陆香港联交所。借助资本市场的加持，龙湖的全国化布局开始提速。

从某种意义来说，万科"千亿量变"的启示，让蓝光看到了房地产行业发展的想象空间，跑得快之外，还需要走得远；龙湖"走向全国"的启发，让蓝光决定从"机会型"的试探转为"战略型"的扩张，不再囿于一城一池的得失。

蓝光二次创业的契机，在内外双重压力的激发下，出现了。

破壁者蓝光：全面改革，二次创业

在企业发展的内在驱动与行业变迁的外力拉动背景下，"成都蓝光"究竟何去何从？

早在2010年，蓝光控股集团董事局主席杨铿接受媒体采访时，曾意味深长地表示："蓝光集团一直积极谋求企业的战略升级和持续发展，不光要紧跟城市的发展战略，还要适应社会的发展速度。"

2011年9月16日，蓝光的中秋节文艺晚会盛大举行。与以往不同，这场文艺演出的主题由蓝光控股集团董事局主席杨铿亲自确定为"创业精神"。从某种意义上来说，面对即将到来的生存考验，"二次创业"已经成为蓝光上下的共识。

很快，在"二次创业"的基调之下，蓝光地产以"集中化+高周转+中利润模式"为核心战略，提出"以经营为核心，以财务原则为导向，以生产为基础"的总体经营管理思路，并基于此思路构筑了包含"大经营、大财务、大生产"三大管理模块和"基础管理"辅助模块的优势体系。

更重要的是，为确保四大模块切实落地执行，蓝光对组织架构进行了重大调整，形成时任常务副董事长张志成统领的"基础保障"体系、时任常务副总裁赵谦统领的"大经营"体系、时任首席财务官吕正刚统领的"大财务"体系、时任副总裁赵杰统领的"大生产"体系。

在此基础上，蓝光各职能部门从"大经营、大财务、大生产"三大管理体系出发，充分结合运营实践，梳理了以提升管理效率、降低管理成本为目的的标准化管理工具。通过对管理工具的整理和汇编，引领和促进公司标准化建设、带动职能单位进行管理思考，并将梳理、完善的管理工具注入公司作业标准及流程体系中，形成完整的基础管理系统，以实现公司基础管理能力的"重建、恢复、提升"。

回顾这段全面改革的历程，可以清晰地梳理出两条战略主线：第一条是"全国化"，第二条是"多元化"。

先说蓝光的"全国化"路径。

在这个战略主线的串联之下，蓝光过去的一些试探性举措，也逐渐显露出不同寻常的深意。2009年，蓝光出人意料地拿下北京丰台大红门北天津庄地块后，媒体和同行都将之视为蓝光全国化战略的第一簇"星火"。2010年，蓝光在北京、昆明、杭州等地开设分公司和办事处，为其全国化战略提前布局。2011年，以大本营成都为基地，蓝光的全国化战略路径基本成型——形成了以成、渝、昆西南三地为重心，以华北、华东为前沿和战略要地的发展格局，努力摆脱地域和物业单一的局限。

2011年9月22日，在蓝光和骏公司战略及运作策略专题会上，和骏三大区域公司建设方案尘埃落定：成都公司、重庆公司、峨眉文旅三大分（子）公司全面升格为区域公司。这次组织构架的调整，被视为蓝光应对市场变化和公司战略布局的整合之举。

一方面，蓝光着手扩展成都的根据地，在西南谋划更广阔的大本营，在川内的二、三级城市稳扎稳打，先后进驻内江、遂宁、南充、绵阳等众多城市。在川外，蓝光把目光投向了另一个西南重镇——重庆，着手打造"十里蓝山"的第二个项目。另一方面，蓝光在立足西南的基础上逐渐迈向全国，试水北京的蓝光云鼎项目，落子浙江嘉兴，再进驻云南昆明，蓝光地产步步为营，逐渐将版图拓宽至全国。

而蓝光的"多元化"尝试，同样显露出清晰的路径。

2011 年伊始，蓝光地产宣布全面启动绿色战略。据蓝光相关负责人透露，为了全面实施绿色建筑开发战略，蓝光制定了一套标准化绿色产品战略，包括形成蓝光绿色建筑技术指南，打造蓝光绿色供应链管理体系，建成绿色建筑示范项目，总结绿色建筑产品运营模式，以及形成蓝光绿色建筑标准化产品体系五个主要内容。

2011 年 4 月，蓝光宣布成立"四川蓝光文化旅游投资集团"，打造峨眉山 8 平方千米的国际文化旅游产业园区——峨秀湖国际度假区，正式涉足旅游地产。

2011 年 8 月，蓝光云鼎、蓝光公馆 1881 相继开盘，让业界看到了蓝光在高端精装项目上的决心。

与此同时，蓝光还在其擅长的商业地产领域寻求商业物业的全面发展，空港国际城落地成都临空经济区，蓝光借此完成对临空商业物业的抢先布局。

▲ 杨铿在成都蓝光空港国际城项目现场与团队进行沟通

从普通物业到文化旅游地产的跨越，从普通住宅到高端精装项目的提升，再到全面发力绿色地产的前瞻，蓝光的转型堪称高效和全面。

更难得能可贵的是，即便在转型的阵痛期，蓝光在 2011 年依然保持了销售收入 20% 的大幅增长，堪称市场战绩与企业转型的双丰收。

2012 年 1 月，在名为"蓝光向前方"的集团 2012 年颁奖典礼及年会的现场，董事局主席杨铿在致辞中深情地表示：2011 年确实很难，对每一个企业和企业家，都是一场考验。这种考验是意志的考验，是信心的考验，是能力的考验。蓝光在这种特殊的困难环境中，不仅没有畏惧，反而勇敢地向前方，取得了很好的业绩。

"向前方"的主题，来自杨铿在 2011 年 8 月有感于企业歌曲《蓝光人》合唱现场的良好氛围而写的一首诗。诗中写道：

> 华丽的诗篇总是把成就颂扬，
> 真实的生活其实充满了感伤。
> 勇敢地面对才能激情豪放，
> 历尽艰辛最能谱写华章。
> 滚滚日月，莽莽苍苍，
> 走过的历程黯然与辉煌。
> 成败有道，悲喜无常。
> 无悔生命，重在担当。
> 踏平坎坷，横扫迷茫。
> 山高水远，云天翱翔。
> 行者匆匆，青丝染霜。

我心依然，壮志激昂。

蓝色的信念，

像智慧和坚韧的灯塔，

指引着我们

——向前方。

这种"向前方"的姿态贯穿了蓝光 2011 年的奋斗始终；以"二次创业"为契机，蓝光迈向全国化和多元化发展的征程，直至更辽阔的远方。

【手记】

"成都"蓝光，这是源自本土的深刻烙印，它给予蓝光的是高度的信任和期许。但囿于一城，势必成为蓝光发展道路上的一副桎梏。走出去，山河会是另一番景象。

"极速"蓝光，在生死存亡的刀锋上舞蹈，在冷漠严苛的市场竞逐里腾挪。慢下来，不仅是让肉体等等灵魂，更是破壁前的那一瞬沉静与默然。

回顾 2011 年，同行的记忆或许是挟带冲突的敬畏，但蓝光人的记忆，则是内外交困激发的斗志与孤勇。

而由此孕育的蓝光"二次创业"，在蓝光的发展历程上，也十分具有示范意义。

第五节 | COCO 系成功之道

【引子】

2012 年 3 月，蓝光营销部门一个刚入职不久的员工，在一次楼盘名称征集活动上，提供了一个名为"COCO"的方案，结果方案高票通过，而"COCO"亦成为蓝光最新拿下的金沙地块的新名称。

整个蓝光正蓄势待发，期待着"COCO"这个自带时尚气息的名字，伴随着其时最受人追捧的小资情调，在呈疲软态势的成都房地产界掀起新一轮潮流风暴。

事实证明，三个月后蓝光·COCO 金沙售楼处正式亮相，大批慕名而来的购房者踏破门槛，创造了开盘首期房源基本售罄的佳绩；直至岁末收官，蓝光·COCO 金沙在整个成都市场的热度一直居高不下，并且连续五次蝉联成都区域销售冠军。

在房地产市场低迷的 2012 年，"COCO 系"的横空出世，将动荡的市场环境悄然撕开一道口子，一举打破了那时房地产开发的"风险魔咒"，成为蓝光乃至整个中国地产史上难以复制的一篇杰作。

民生需求，大势所趋

住房，无疑是最重要的民生问题之一。

2011 年 3 月，国务院正式提出将在未来五年建设城镇保障性安居工程 3 600 万套，一年之后温家宝总理再次提出，"在工业化和城镇化阶段，对住房的需求是刚性的，而且将会是持续的"。2010 年年初，新"国四条"、新"国八条"以及限购令的正式出炉，证明国家对于房地产房价过高的宏观调控不是终结，而是一个更强有力的开端。

那时候很多国内的房地产商，仍然沉醉在 20 世纪以来房地产黄金时代的美梦中不愿醒来。全国各地竞争"地王"的势头愈加猛烈，房价对于普通老百姓来说依旧"高攀不起"……

同年随着调控力度加大，房地产界暗潮汹涌。多方压力的挤压之下，几家欢喜几家愁的状况早已有所呈现。2012 年 11 月，温州市、鄂尔多斯市的地产泡沫已然全盘破裂，盛满房地产美梦的表层逐渐脱落，最终潮汐退去，只有能够在市场动荡中审时度势、稳扎稳打的人，才有生存下去的机会。

而另一边，成都城市化进程加快，大量人口从周边涌入主城区，而这仅仅是当时城市发展的大时代下的一个缩影。

根据 2011 年户籍人口统计数据，10 年之间，成都市人口净增长135.72 万人，居住在城镇的人口为 920.23 万人，占 65.51%；居住在乡村的人口占 34.49%。与 10 年前相比，其中城镇人口增加 318.92 万人，比重上升 12.03%。

由于城市人口激增，"城市生活"的概念逐渐为大众所知。专家分析，满足城市居住需求有两种方式：一种是靠政策，一种是靠市场。于是经济适用房、廉租房在政府的政策扶持下作为全新的住房需求开始在城市化的进程中占据主导地位。而另一边，暗潮涌动的房地产市场，也正在为迎合大势所趋的城镇化进程，全力找寻新的突破口。

从商业地产时代乘风破浪而来的蓝光，在过去的 10 年里以洞悉市场的敏锐触觉以及一击制胜的绝对执行力，早在西南地区确立了自己的品牌影响力。解决城市居住问题，提升居住品质，让外来的城市人口能够以最合理的代价和最低的门槛，有机会在成都安家立业，融入城市生活，成为蓝光这艘在时代洪流中激流勇进的巨轮不可逆转的航线目标。

自 2006 年开始，国务院发文明确新建住房机构比例，以满足基本型住房的"刚需"，凡新审批、开工的商品住房建设，套型建筑面积 90 平方米以下的住房面积占比必须达到总开发建设面积的 70% 以上。

在 2012 年 8 月 21 日的蓝光地产战略讨论会上，"民生住宅"的概念首次被提出。杨铿明确表示："调控的政策方向既然是鼓励刚需，那蓝光就要坚持'刚需在哪里，我们就在哪里'。"

在宏观政策的指导下，刚刚经历了"二次创业"的蓝光，决定以不低于 75% 的刚需比例作为新目标。而蓝光·COCO 系的诞生，作为 2012 年蓝光民生住宅的开山之作，为大势所趋的刚需交出了一份完美的答卷。

2012 年 7 月 6 日，在蓝光·COCO 系的开盘楼书上，登出了一则名为"COCO 金沙叫板全城刚需"的"豪言壮语"，宣告着蓝光坚定不移打造民生住宅的决心。

城市生活日新月异，单身男女为主的自由青年人数较多，"小太阳"之家需求迫切，在一定经济实力的基础上，人们追求的是不仅满足生活基本需求而且功能完善的安居之所。秉承着蓝光一贯以客户需求为核心的企业价值理念，当大多数房地产商刚刚开始探索"刚需"门道时，蓝光已经对当时房地产市场基数最大的购房者们的精准画像了然于心。

2012 年，当迫切的新一代购房者们正奔波辗转于各大楼盘的售楼中心，手里捏着厚厚的楼书，对比着价格、户型，感到犹豫不决时，行业间正盛传着"不看蓝光 COCO,好房千万别下单"的说法。无论你决定购买哪家楼盘,为了避免遗憾,蓝光·COCO 系一定是不能错过的楼盘之一。

蓝光在市场大环境的转型之际再次用实力证明在逆境之中把挑战变为跳板,顺势而为的成功之道。而蓝光·COCO 系,注定在中国房地产的历史上留下浓墨重彩的一笔。

"高周转"的秘密

2012 年年初,蓝光拿下了当年的第一块地。

在之后的短短一百天内,蓝光再次在土地市场举牌,一举拿下了青羊区的两块地。而在这两块地的不远处,便是蓝光已成功拿下的府青路和金沙地块。

随着声起锤落,蓝光正式宣布,COCO 系内再添新成员。至此,蓝光正式打造了一个当年让所有西南地产商望尘莫及的神话——当年拿地、当年开发以及当年售罄。

在同年的地产战略讨论会上,蓝光正式将高周转作为企业核心竞争力。那时的房地产项目,一般的开发周期至少为两年。只有蓝光·COCO 金沙在拿地后的三个月就呈现了售楼部中心,在一个月内,便成功推出了首期开盘的近三百套房源,随后便以"一月一开盘"的节奏不断刷新着房地产界的开发效率。

天下武功,唯快不破。蓝光的"快、准、狠"早在商业地产时期就有目共睹,那时的房地产商,有的做到了"快"的执行力却无法精准地配合后期的销售频率,而有的则只知盲目地拿地开发,缺乏敏捷的洞察力和策划能力。

而蓝光，在传统意义上的"高周转"之外，给"速度"以更为细致的拆解和诠释。首先是转型快，在市场的风起云涌之间，蓝光总是能够以最快的速度适应市场的变化；其次是在快速开发过程中，蓝光充分依靠资金的高速运转，支撑潜在的高回报以及满足企业循序渐进的规模扩张。

而这一切的背后，都仰仗蓝光"兵贵神速"的高效执行力。逐渐完善的内部管理构架，让蓝光 COCO 系从规划、拿地、开发到后期销售，能够实现全盘的部门联动，整个流水线内部追求最低损耗，所有人力、资金、资源全部在生产线上运行。让所谓"高周转"，如同大型机械中配合无间的齿轮，真正实现了持续不断地运转自如。

最终，逐渐规范成型的"高周转"缔造了蓝光·COCO 系"四盘齐开"的"四亿周末"神话——当年的 COCO 金沙、COCO 时代、COCO 蜜城、COCO 锦绣四大项目同时推出新房源，成交额一再刷新纪录。

2015 年，蓝光完成了房地产业务的重组上市，正式开启了"高周转 2.0"，随机提出了"3461"（拿地后 3 个月内开工，4 个月开盘，开盘当日销售率达到 60%，1 年内实现项目正现金流）的精准开发模式。

三年之前 COCO 系同期四盘齐开的神话，为蓝光未来势如破竹的迅速扩张奠定了坚实的基础。

▲ 成都蓝光 COCO 时代销售中心

标准化下的无限可能

2011 年年底，当 COCO 系只是呈现在策划案中的寥寥数语时，杨铿对于这个转型之际的扛鼎之作，给出了精准的九字战略方针——小户型、低总价、多功能。于是，如何将一个七十平方米以内的空间改造成功能一应俱全的套三式温馨小单房，成为蓝光产品研发部门的当务之急。

"有趣"是郭震时隔多年回看蓝光·COCO 系时给出的评价。那时候刚从上海高端楼盘设计中抽身的郭震，在来到蓝光的第二年就面临着自己建筑设计师生涯中的不小挑战。

在最小的空间，实现最大的功能性和舒适度，习惯了动辄在上百平方米的规划图纸上创新的蓝光产品设计部的设计师们，在最初的产品定位阶段，画了无数张草图。

那时为了在小户型的基础上最大程度发挥建筑的功能性，蓝光产品设计中心大量搜集了市场上不同房地产开发商的小户型案例进行比对、研究，充分迎合了当时城市年轻购房者的心理需求，最终在节约空间与创造空间之间找到了一个最佳的平衡点。

正所谓"麻雀虽小，五脏俱全"，COCO 系的卫生间和厨房的面积分别控制在了 3.5 平方米以及 5.5 平方米左右，客厅和主卧面积和该户型面积大小呈正相关关系，且会根据户型大小有所变化，打造了在当时的房地产市场上最接近城市青年人住房需求的潮流风向标，至今仍被收纳进许多房地产开发商的案例库中。

"产品始终是蓝光最核心的竞争力，"杨铿曾多次在战略会议上强调。清晰的产品定位决定了蓝光在房地产开发中几乎零失误的战绩。而确立产品定位就是确立产品"标准化"的过程。

COCO 系的研发有着"刚需"的大背景作为支撑，是在新兴的城市青年人群对于品质生活的迫切需求中应运而生。所有 COCO 系的产品都处在城市规划发展中的黄金地段，满足了交通便利、配套一应俱全、品质保障等特点。30 万~50 万元的首付就可以买上 2~3 套，这令 COCO 系成为当时成都年轻人心中当之无愧的性价比之王。

蓝光·COCO 金沙开盘当天，两个小时内 300 套房源被抢购一空。那时候每个在 COCO 系售楼部待过的购房者，都有这样一种感受——一种前所未有的由紧凑空间所带来的温馨与舒适感扑面而来。

▲ 成都蓝光 COCO 金沙销售中心

　　除了建筑设计的创新之外，蓝光充分利用了过去十年里所积累的商业地产经验，为民生住宅量身定制了一系列的商业配套，以住宅底商户的形式面世，实现了全面的业态升级。随着 COCO 系的成功，红街、耍街等配套的新型邻里中心应运而生。

　　时隔多年，COCO 系一鸣惊人的传奇神话已经渐渐淡去，郭震再次带着外地的朋友在蓝光·COCO 蜜城的小区内寻找正出租的房源。即使对当时的建筑户型已经了然于心，郭震还是不禁感叹这个引以为傲的项目案例背后所凝结的蓝光智慧。

　　随着成都市场 COCO 系的百花齐放，2012 年蓝光未雨绸缪，为未来全国的扩张规划排兵布阵。2013 年，蓝光·COCO 时代在重庆弹子石开盘，轰动一时。随后在进军全国的过程中，蓝光以快制胜，先后进入了青岛、无锡、长沙、无锡、武汉等地区。

　　在布局全国的棋盘上，COCO 系成功为蓝光成功打了头阵，确立了蓝光品牌布局从四川走向全国的开端。

对于蓝光来说，COCO系还有另一个重要意义，就是打造了属于蓝光产品特色的"标准化"。

"复制粘贴"从来不是蓝光的策略，在COCO系进军全国其他城市的过程中，都因地制宜地突出区域化的特色。为了让产品更好地融入当地的城市文化与居住环境，蓝光注重从阳台空间和飘窗设计这样的细节上着力改造，改变了房地产开发商扩张过程中"水土不服"的普遍现象。

至此，蓝光带着COCO系，走稳了全国扩张的第一步。如今回忆起来，很多蓝光人对于COCO系仍有着难以言表的深厚感情。从高端转型到更为亲民的住宅产品，不仅仅是郭震作为总建筑设计师的巨大挑战，更是蓝光产品"标准化"建立的里程碑。

"刚需是一个机会，但不会永远是机会。"许多参与COCO系项目的老蓝光人都如是回忆当年的辉煌成绩。幸而，机会永远留给有准备的人，而蓝光厚积薄发，成功把握住了这个机会，从而开创了无限可能。

【手记】

蓝光·COCO系的成功是机遇给予的偶然，也是必然。

在此期间，蓝光体现的不仅仅是进军市场的雄心，更是规模与利润并重的智慧，依靠"时间差"准确地收获了城市化进程的最大红利。顺势而为，蓝光精准历练了"高周转"模式下的企业执行力，同时也开创了产品"标准化"的全新起点。

2016年，刚需政策放缓，COCO系的辉煌在蓝光人心中已经成为过去。而在更加清晰的标准化战略指导下，蓝光也即将踏上新的征途……

第六节 ｜ Ａ 股上市：一种全新的活法

【引子】

2015 年 4 月 16 日，上海证券交易所，蓝光控股集团董事局主席、蓝光发展董事长杨铿敲响了金锣。

这一标志公司成功重组上市的动作，让中国 A 股市场上的那个叫作"迪康药业"的证券简称从此成为历史，而"蓝光发展"正式成为 A 股市场中的一员。

管理之神稻盛和夫有本名著叫《活法》，其中有名言说："你心中描绘了怎样的蓝图，决定了你将度过怎样的人生。"

如今，蓝光也换了种全新的活法。回顾蓝光发展历时 8 年的上市之路，若不是杨铿高瞻远瞩为蓝光绘就发展蓝图，若不是蓝光团队 8 年经历种种挫折而未曾放弃，蓝光不会驶上资本市场快车道，也不会彻底改换活法。

红筹路断：马不停蹄拿下"壳资源"

2007 年 7 月，曾在川籍 A 股上市公司峨眉山旅游股份有限公司工作长达 9 年的吕正刚加入蓝光，任副总经理兼财务总监。

蓝光在与吕正刚接触和谈判的过程中，已向他透露过打算通过在香港以红筹股的方式进入资本市场的想法。蓝光所看重的，正是吕正刚作为上市公司财务负责人对资本运作和财务管理的能力。

然而始料未及的是，事情发生了变化。

自国家外汇管理局发布 2005 年 75 号文、商务部等六部委发布 2006 年 10 号文以来，红筹上市就被纳入多部门联合监管，想要上市至少需要经过 4 个部门的 8 道审批程序。在 2006 年 10 号文之后，未有任何一家境内企业实现红筹上市。

2007 年 6 月，中国证监会向部分券商下发《境外中资控股上市公司在境内首次公开发行股票试点办法（草案）》，开始为红筹股回归内地资本市场铺平道路。

虽然计划以红筹方式上市的企业，受到重重监管，但证监会极力打通红筹股回归 A 股市场的通路。显然，从国家层面来看，建设境内资本市场的决心非常坚定。

政策的连续出台，一时间斩断了不少民营企业境外红筹上市之路。对蓝光而言，同样如此。

2007 年国庆节，在蓝光财务部工作的吕正刚突然被要求参与收购迪康药业的调查和谈判。这表明，在放弃红筹上市之后，蓝光并未停止进军资本市场的步伐，借壳上市的"B 计划"随即开始。

蓝光在对迪康药业及其母公司迪康集团展开详尽的尽职调查之后发现，其当时的债务状况十分糟糕，母公司迪康集团所持有的上市公司迪康药业的股权被数十家债权人轮流多次冻结，想要收购迪康药业，债务风险将超出预期，因此收购计划一度被搁置。

但迪康药业毕竟是一个优质的壳资源。所以，当最终迪康药业选择以司法拍卖的方式清偿债务时，蓝光认为时机已成熟。2008 年 3 月，吕正刚被任命为资本运营中心总经理，负责全力推动司法拍卖收购迪康药业，推动地产业务国内上市和引进国内外知名战略投资者。

同年 5 月，突如其来的"5·12"汶川大地震，对成都的房地产行业产生了巨大冲击。但这并没有改变蓝光拿下迪康药业股份的决心。

2008 年 6 月 20 日，在数度流拍之后，ST 迪康调整为分拆拍卖，其 29.9% 的股权被蓝光以约 3.2 亿元的代价拿下。另一名竞争对手，同样有借壳上市计划的豪吉集团未在拍卖中举牌。分拆拍卖的 ST 迪康股权二号标以流拍收场，蓝光如愿获得上市公司迪康药业的第一大股东席位。

29.9% 的股权也避免了触发全面要约收购的红线，这使得蓝光有相对从容的时间去准备和调整其借壳上市的计划。

三年调整：引入平安资本图革新

拿下 ST 迪康这个壳资源，仅仅算是蓝光进入资本市场的一小步。接下来，对于公司内部的治理、投资模式和方式的调整、上市前几个财年的年报数据的准备以及公司发展战略和支撑其快速做大规模的资本注入等问题，蓝光都需要一步一步地解决。

这一时期蓝光想明白了自己要走的路，重构了公司管理体系和决策体系，这对于之后的全国扩展阶段来说，至关重要。

2008 年，蓝光走出了出川发展的第一步，并在此后的几年中一直向外探索。

2008 年，蓝光地产在重庆的首个项目"十里蓝山"面市；2009 年，蓝光在川内二级城市南充打造的"香江国际"进入市场；2009 年，蓝光在不同城市的多家子公司成立，并携手云南白药进入昆明房地产市场；2010 年，蓝光在峨眉山启动首个文旅地产项目"峨秀湖国际度假区"。此时的高端地产项目公馆 1881、云鼎、贡山壹号等也陆续问世，尤其是其在北京市场的亮相，吸引了行业内外的关注。

然而，在异地拓展项目具有很强的试探性，管控方式、对异地市场的研究和对产品的研发、资金的注入、项目开发和营销的指令下达等，都高度依赖成都总部，走出去的第一步，仍旧很艰难。

但企业创始人杨铿的信念却十分坚定，他明白如果只在一个区域市场里有不错的市场份额和成绩，而缺乏在全国其他城市进行扩张布局的经验，蓝光将很难实现较高速度的增长，且与同时期的上市地产企业相比，也无法形成自己的核心竞争力。

当然，房地产企业得以实现全国化布局扩张，有一项很重要的准备，就是确立标准化产品线。标准化产品是进行全国扩张布局和项目快速复制的基础。这对于蓝光来说，难度并不大。

2009—2011 年三年间，在文旅地产、高端住宅产品方面的探索，让蓝光逐步积累了产品线研发和产品标准化的经验。第一个让蓝光在行业内名声大噪，并成功实现全国复制的 COCO 系产品，正是在这一时期孕育出来的。

掣肘蓝光地产规模增长的另一个重要因素——现金流，成为最让杨铿及蓝光地产高管团队焦虑的问题。如果不能解决规模扩张所需要的大量资金投入的问题，所有产品线、标准化、管控体系的准备工作，都将是纸上谈兵。

幸运的是，2011 年蓝光找到了深圳平安创新资本，将其引进为公司的战略投资人和第二大股东。事实上蓝光最终能够成功上市，与平安创新资本的参与有着莫大的关系。时至今日，包括杨铿，以及现任蓝光发展高级副总裁吕正刚、蓝光生命科技集团董事长任东川等，仍对平安创新资本给予高度评价。

一方面，平安创新资本为蓝光多项项目的启动、全国多地项目公司的建立提供了资金上的支持，解决了令杨铿一度非常焦虑和头疼的问题。另一方面，平安创新资本是专业的资本投资人，看重投资收益，因此在投资蓝光地产之时即约定了对赌条件。

更重要的是，平安创新资本给蓝光发展公司的治理模式、管理架构和经营思维带来了巨大变化，这让蓝光地产真正从本土房地产企业的思维格局中跳出来，并逐步具备了全国性地产企业的雏形。

在确立第二大股东地位后，平安创新资本派驻了管理团队进入蓝光地产，由当时平安信托的副董事长王佳芬牵头坐镇，着手对蓝光的企业管理制度、决策机制等进行大改造。同时，平安创新资本还要求杨铿以及高管团队中的吕正刚、任东川等共 5 人，定期去平安总部接受培训，培训内容包括现代企业的管理机制、流程、决策制度等。

在接受了这些重要培训之后，蓝光在内部迅速成立了投委会、经委会、预算专委会、评价委员会，分别对公司发展的各项重大事项进行决策。时任蓝光首席财务官吕正刚对这一套企业管理和决策机制给蓝光带来的变化和冲击，有着非常深刻的印象。蓝光率先在房地产业务建立预算管理体系，对成本体系进行了大刀阔斧的改革，几乎打破了公司过去成本管理的惯性思维，形成了以项目商业计划书为核心的管理准则。

新的预算体系给蓝光带来的好处也是显而易见的。蓝光在成都的首个高端项目"公馆 1881"，引入了普凯基金进行专项投资。刚刚建立起来的蓝光预算专委会，比较顺利地完成了"公馆 1881"的商业计划书，最终与普凯基金达成了项目的投资合作意向。

紧接着，在美国证券交易所上市的诺亚财富对蓝光这种商业计划书模式的项目投资有了更深的认识,由此开始了与蓝光的长期合作。后来为外界所熟知的"歌斐蓝光地产投资基金",就是双方持续合作的产物。

据吕正刚回忆,由蓝光预算专委会完成项目商业计划书,再由投资基金对项目进行专项投资的模式,在当时整个房地产行业都是较为先进的。近几年国内多数地产项目的股权合作及外部财务投资的引入,大都沿袭这样的模式。

压力重重:多番争论不改上市决心

2012 年,蓝光地产潜心研发的 COCO 系,在成都横空出世。这款刚需产品,以赠送面积大、单价高、总价低著称。COCO 金沙项目一经推出,就创造了成都楼市的传奇:当年拿地,当年开盘,当年清盘。

此后,蓝光根据 COCO 系产品的特点确立了城市选址标准和产品设计标准,快速在成都市场实现复制。之后该项目又在重庆、武汉、长沙、青岛、无锡、苏州等多个城市启动。一时之间,COCO 系全国开花,成为包括万科、保利在内的行业龙头企业重点考察学习的对象。

事实上,COCO 系的产品对项目资金的利用和周转,是使其能够在全国快速复制的关键。

COCO 系产品将产品利润率控制在较低的水准,部分住宅产品甚至可以不盈利,仅通过地块的商业部分获利。这样做的好处是,总价更低,销售回款速度大幅度提高,而项目的整体开发、销售周期却大大缩短,财务成本大幅节省,资金周转率显著提高。也因此,COCO 系产品在拿地时可以承受较其他开发商更高的地价成本。在土拍市场上，蓝光从以往那个相对保守的开发商，变成了敢于举牌、敢于高价拿地的开发商。

这种变化来自平安创新资本对蓝光在市场规模上提出的要求。要想完成内部体制和决策机制的调整，以及对标准化产品线的研发，蓝光必须先要规模，再要利润。要让项目复制的速度加快，就必须提高资金使用效率。地产同行研究发现，房企对项目融资的资金使用时间通常是1~2年，而COCO系的项目最短仅需8个月左右。

然而，这样的投资发展战略变化，在蓝光内部也引起了很多争议。一方面，资本使蓝光的周转速度快起来，项目管理的方式发生了大变化，这在外界看来是蓝光迅速发力的表现；但是另一方面，过去蓝光在项目投融资上采取的很多手段、方式、方法，也让高层看到了一些"后患"。

比如，在成都，与COCO系同时期的还有很多优质的土地资源，符合蓝光的投资择地标准，项目的投资利润率评估也能够达到要求，甚至优于COCO系项目的地块。但出于全国布局的考虑，蓝光不得不暂时放弃这些机会，由此带来的结果就是，2013—2014年蓝光在成都市场年销售面积、销售金额下降。

"以前蓝光是一个地方性的小企业，在融资方面，公司的财务报表、经营数据、会计确认，有相对的空间，融资对象也是认可的；但按照上市标准去编制的财务报表等，就要求100%精确，必须经具有证券资格的第三方会计师事务所审计，这就不得不将公司的资产、负债、利润、资产负债率等数据完全公开，使公司彻底变透明。倘若上市这条路最终没有走通，或者说证监会对房企的上市闸门一直不开启，那么经过这样一番'折腾'之后，原本蓝光可用的一些融资渠道，可能就行不通了。"吕正刚回忆说。为了上市而做的种种准备，其实也将当时的蓝光推向了没有退路的境地，就连杨铿也在公司的高层决策会上说："现在我们就是华山一条道，只能硬着头皮往前走。"

更为严峻的是，倘若蓝光在这时决定放弃上市，平安创新资本将会要求蓝光偿还前期平安对蓝光的所有投资和债务，并要求蓝光按照当时企业实际经营状况和对赌的价格来回购平安创新资本所持有的蓝光股权。

这样一来，不仅蓝光自身会面临极大风险，还有可能以通过出售项目的方式来快速获取现金流、偿还债务。经过这样一番折腾，蓝光极有可能大幅倒退，杨铿及许多老蓝光人辛辛苦苦十几年的付出，也可能付之东流。

吕正刚清晰记得，在筹备上市的过程中，关于是否放弃上市这个问题，有杨铿参与的高层讨论会就多达 8 次。尽管很多次，大家都争论得不可开交，但杨铿的决心依然未变。"如果不是杨总一次次地坚持，可能蓝光的上市计划真的就半路夭折了。"

严守红线：避免上市计划节外生枝

就在蓝光准备通过借壳方式在 A 股市场上市之时，国内还有不少房企也在筹备上市。如绿地集团借壳金丰投资，几乎与蓝光步调一致，甚至在某些关键节点上比蓝光推进得还要更快一些。

这些房企都在关注同一个问题，那就是房企借壳上市的大门，是否已经打开。2013 年，蓝光从证监会相关负责人的答复中得到信号——从未关闭过地产股上市的闸门。

于是，蓝光的上市进程到了极为关键的一步：对所有经营动作的合法性审查。此时的蓝光，已经在全公司从上至下召开了动员会，统一思想，提高守法经营的意识。

2012—2014 年，蓝光均严格按照要求，以公开招拍挂的方式获取项目。这一时期，通过项目的收并购及进行股权合作来扩大企业经营规模，降低拿地成本，已成为不少房企的共识，但蓝光却放弃了这些可能为上市埋下炸弹的操作方式。

让吕正刚记忆深刻的是，在准备上市文件的过程中，为了开具证明材料，前前后后跑政府各部门盖章就多达上千件次。蓝光对此早有准备，所有经营和融资行为，均严守法律红线，不越雷池一步，从未出过纰漏。

▲ 2015 年 4 月 16 日，蓝光发展（600466.SH）正式在上交所挂牌上市

坚持走市场化道路，遵守法律，打造阳光透明的企业文化，既要争第一，又要安全前行，这是蓝光发展的一个重要基石。

八年努力：开闸后房企上市第一股

2013 年下半年，在获得房产借壳上市短暂开闸的信息之后，蓝光在第一时间备齐了所有的材料，并向证监会递交了申请。当年 11 月 28 日晚间，迪康药业正式发布重组预案。

2014 年 4 月 29 日，迪康药业发布《四川迪康科技药业股份有限公司发行股份购买资产并募集配套资金暨关联交易报告书（草案）》的公告，这也标志着蓝光借壳迪康药业上市的动作，正式进入证监会的审查阶段。

此后，迪康药业进入了累计长达 10 个月的停牌期，除按照相关规定发布重大事项和重组进展的公告外，蓝光已进入上市前的静默期。针对外界的猜测、报道和质疑，蓝光除了做好各种准备工作之外，无法再就上市相关事宜对外发声表态。

2014 年 6 月 5 日，迪康药业的重组方案获得股东大会 98.07% 的支持率，以高票数通过。

2015 年 2 月 11 日早晨，迪康药业发布复牌公告，公告称"四川迪康科技药业股份有限公司于 2015 年 2 月 11 日接到中国证券监督管理委员会的通知，经中国证监会上市公司并购重组审核委员会于 2015 年 2 月 11 日召开的 2015 年第 14 次工作会议审核，本公司发行股份购买资产并募集配套资金暨关联交易的重大资产重组事项获得有条件审核通过"。这意味着，蓝光地产借壳上市已经获得成功，只待最后的正式批文。

2015 年 3 月 19 日，证监会正式核准蓝光发展资产重组方案。

3 月 20 日，在蓝光发展总部大厦前的一块展板上写着"热烈祝贺公司上市成功！公司重大资产重组方案获中国证监会正式批复"。这块放在进入蓝光总部办公大楼必经之路上的展板，让蓝光人在料峭的初春，倍感温暖。

但此时，还不是完成上市的最终时刻。蓝光还在等待着最后的那一刻。

2015 年 4 月 16 日上午 9 时许，蓝光控股集团董事局主席、蓝光发展董事长杨铿在上海证券交易所敲响了那面金锣。从这一天开始，迪康药业正式更名为蓝光发展，为其 8 年的上市之路画上了圆满的句号。

▲ 2015 年 4 月 16 日，蓝光发展（600466.SH）正式在

上海证券交易所挂牌上市，杨铿完成"鸣锣开市"

8年的努力，最终让蓝光成为 2015 年地产开闸成功上市的第一股；8年的艰难尝试，终于让蓝光这家发端于四川成都的房地产企业，开始了一种全新的活法。

【手记】

从 2007 年开始，蓝光筹划进入资本市场，其后经历了艰难的探索。

从红筹之路被阻断，到收购壳公司资源的波折，只能算是蓝光上市之路上发生的一个小插曲。而真正给蓝光发展带来冲击的，是制定"九年千亿"目标，是推进上市还是继续做"小而美"企业的战略抉择。

资本是逐利的，它推动蓝光熟悉游戏规则，并不断学习，走上规模化、全国化的高速发展阶段。它坚定了蓝光上市的决心，推动了上市的进程。

历经艰难和曲折，蓝光发展最终顺利登陆 A 股市场，这一历时 8 年之久的长跑，带给蓝光发展的是一种全新的活法。

8年探索，蓝光创始人描绘出宏伟的蓝图，蓝光团队也在尝试之中不断总结经验教训，不断看到积极的变化，他们坚定初心，成为四川民营企业的杰出代表、卓越榜样。蓝光成为新时代背景下中国房地产行业中一个极具研究价值和启迪性的高质量发展的样本。

第七节 | 进军生态：后房地产时代下的突围

【引子】

2016 年以来，"打造万亿级产业生态链"多次成为蓝光内部会议的主题，这是后房地产时代背景下蓝光突围市场的一次创举。

在程耀贵的印象里，杨铿作为蓝光的掌舵人，虽严肃，却一贯温和少言，但唯独在这次转型会议上态度强硬。

会议进行到尾声，杨铿做出这次会议的最后一项指示："装饰景观公司除了要全面提升蓝光地产的产品品质以外，还要找到更大的市场机会，建立真正能够支撑蓝光万亿级产业生态链的市场逻辑，依托互联网和新经济思维，走'内部市场化—外部市场化—资本化'的道路，建成平台型、管理密集型和技术密集型的公司，最大化地发挥产业协同效应。"

2017 年 7 月 5 日，蓝光地产金融集团装饰景观公司正式更名为蓝光生态集团。

告别房地产的"白银"十年

2016 年的开端和往常不太一样。

全国都在庆祝元旦时，修订后的《中华人民共和国大气污染防治法》正式出台。看到这条消息的时候，杨铿已经起床有一会儿了，墙上的石英钟刚刚指向 6 点。

他把《中华人民共和国大气污染防治法》仔细地看了一遍，目光停留在了"供给硫含量更低的汽柴油"这行字上。这和他向全国两会提交的《关于出重拳整治雾霾天气的提案》中提到的"加快'国五标准'推进速度，减少污染排放"不谋而合。

同时，这也让他嗅到了一丝绿色发展的气息。

绿色创新发展、生态环保已成为国家战略，同时政府逐步从项目实施的各环节中退出并大力推行项目业主负责制和注册人员终身负责制。

在与时任蓝光地产金融集团装饰景观公司董事长程耀贵的交谈过程中，杨铿多次提到上述变化。建筑行业的剧变就在眼前，应该主动迎变，杨铿反复强调。

程耀贵很清楚杨铿这是在下一盘大棋。作为一名老蓝光人，程耀贵时常会向杨铿请教工作上的问题。在他床头有本杨铿送的理查德·福斯特的《创新，进攻者的优势》，讲的是 S 曲线理论。程耀贵明白，目前产业互联网和 5G 刚刚兴起，建筑家居及环保行业不正处于技术断层期吗？此时对于进攻型企业不正是一种难得的机会么？

一种要改变行业的巨大使命感萦绕脑际，经过几个月的思考，装饰景观公司未来的蓝图越来越清晰地展现在程耀贵眼前，即围绕"协同主业，立足创新，聚焦资本化，建设以智能+思维、BIM 为载体、CEPCM 为经营模式的中国领先的生态环境和绿色人居整体解决方案服务平台"的战略定位，建立项目全过程咨询、生态环境和绿色建筑总承包、家居生活 4S 定制服务三大平台。

在那次转型会议上，听完程耀贵充满激情的汇报，杨铿用力点了点头。

过去的职业生涯里，程耀贵接触更多的是以房地产为主的商业运作。但如今，关于生态环境的资料与时事却时常抢先占据他的视线。

程耀贵比行业中的多数人更早地预见后房地产时代的到来。"先是北京、深圳等一线城市，随后是重庆、长沙等二、三线城市，都相继提高了贷款利率。有的首套房按揭利率上浮至 5%～10%，这个幅度对大投资的地产来讲是比较重的负担。"众所周知，利率是影响房地产最重要的因素之一。

楼市调控力度不断加码，再加上中国青少年人口逐渐减少，房地产的"白银"十年正在渐渐画上句号。现实在朝着预想的状况发展，蓝光的转型升级势在必行。

2016 年对中国房地产企业来说，既是机遇又是考验，整个房地产行业的服务对象由刚需群体转变为改需群体，房地产企业的发展从注重量的增长，转变成靠提升品质来赢得增长。蓝光作为一家成立近三十年的民营企业，能否抓住机会找到新的蓝海，成为杨铿最关心的问题。

"我们得把产品质量升级提升到公司最重要的日程上。"会议上，杨铿如此说道。

为更好地打造社区环境、家庭空间，用卓越的产品和服务赢得市场的认可，蓝光地产金融集团装饰景观分公司于 2016 年成立。作为蓝光万亿级产业生态链的一环，蓝光地产金融集团装饰景观分公司肩负着为蓝光产品品质提档升级的使命。

近几年随着经济的快速发展和城市化水平的不断提高，加上各地政策调控的长效机制的建立，房地产行业的体制环境、市场和商业模式都发生了很大的变化。当人们的消费升级后，以住宅为主的开发模式无疑将会遇到巨大的挑战，发展空间将不断缩小，整个房地产市场将进入后开发时代，以快速买地、建房、销售住宅为主的单一产品模式将不可避免地被新的模式所取代。

蓝光地产金融集团装饰景观分公司为了产品的升级，开始尝试这种新模式。之后的一系列实践表明，无论是用新模式打造的示范区，还是交付区，都取得了很好的成绩。

程耀贵带领的装饰景观公司团队，并没有因为取得这一阶段性的成果而放松。随着国内人力成本的增加，行业内部的小企业竞争失败，并购升级，寡头化必然成为升级的结果。有预见性的企业早已转向新生的行业，而不是保守阵地。

"我们得转型，得走自己的路。"杨铿的话掷地有声，给了程耀贵信心。

兵马已动，产业先行

关于蓝光未来的发展战略和产业布局，公司内部进行了数次激烈的研讨。杨铿的态度是坚决的。

蓝光经历了房地产行业早期分散、无序的竞争阶段后，以品牌价值高、业务规模大、综合实力强的优势脱颖而出，看似已经确立了行业领先地位，但要实现长足发展还得积极增加新的服务内容，深入整合房地产产业链，寻求新的利润增长点。

2016 年有一个很有趣的现象，全国房地产开发投资达 93 387 亿元，同比名义增长 6.5%，而土地购置面积却仅有 190.46 平方千米，同比下降 4.3%。这意味着地越来越少，房企的角色正式从开发商转变为管理者与服务者。紧贴市场脉搏，这是企业能够持续发展的重要基础。

这几年，生态环境恶化、雾霾严重等环境问题日益突出，保护生态、保护环境已然成为大家热议的话题。在 2016 年的家居销售情况中，环保型家居产品的销售额已占总销售额一半以上，生态、环保产品逐渐成为人居领域消费的主流。

在几个月后，已经正式以董事长身份管理景观装饰公司的程耀贵面对公园悦府示范区项目时，依然感到不轻松。其时的情况与杨铿在转型会议上提出的期望相同，没人尝试过打通家居生活的全产业链，品质家居、绿色环保生活方式也是完全陌生的领域。而这些，都是令人兴奋的市场机会。

"我会给你足够的时间支持你把全产业链打通，有些答案非得在实践中才能找到。"杨铿的话时常萦绕在耳畔。程耀贵一直对此发自内心地感激。作为公司的创立者，很少有人像杨铿一样有着如此包容的心态，他敢于倡导创新，敢于支持下属去做一些不确定的事情。

这是一个最简单直接也最令人费解的时代，书店里最显眼的地方永远摆着有关如何成功的畅销书，可那里没有标准答案。不管总结了多少经验，下一个爆款产品总是在意料之外。所有曾经的真理都在被打破，一切都在高速迭代。上个月还被追捧的商业模型，下个月就会被市场推翻；一年前的行业领袖，一年后就可能被替代。在市场里，没有权威，没有真理，没有标准答案，每个人都是初来乍到。

党的十八大以后，生态产业迎来了发力期。关于生态建设的规划与政策陆续出台，生态行业自此进入以生态建设为主导的新一轮快速发展期。

乘着这股东风，2017 年 7 月 5 日，蓝光地产金融集团装饰景观分公司正式更名为蓝光生态集团，在杨铿的指导下，程耀贵找到了那份想要的答案。

中国改革开放 40 年，环境污染问题日益严峻，至要花相当长的时间来治理，包括生态修复、环境治理在内的生态行业必定是未来蓝海。程耀贵相信，蓝光在全国服务百万人以上的居民，蓝光生态集团完全有能力聚焦生态家庭、生态社区、生态城市，打造高质量的从微观到宏观的立体人居生态圈，为社会创造更大价值。

现在，程耀贵在做报告时更加有底气，考察期内所有项目全优的成绩，让蓝光生态集团的发展得到了业界的一致肯定。

蓝光人并未满足于此，蓝光生态集团已经完成了前期对产品品质的提升，规范了管理，未来还要做好生态治理、智慧家居、绿色建筑等各个细分领域，打造出先进的人居理念，引领行业的发展，造福大众。

应需制胜，入主蓝海

毫无疑问，创新已经成为市场发展之本。尽管"创新驱动转型发展"在 20 世纪 90 年代就已经提出来，但是成为国家的战略，却是在党的十八大之后。

这也意味着我国经济发展已进入一个新的阶段，传统的依靠要素驱动发展的模式正在快步退潮，创新发展模式越来越突出。消费者对生活品质的更高要求也促使行业进行创新变革，以顺应市场的需求变化。作为市场主体，蓝光生态集团需要通过挖掘技术价值、塑造技术价值等手段，打破上下游产业链壁垒，在市场中逐步建立竞争优势。

从传统房地产行业到生态环保领域，蓝光生态集团迈出了新的一步。将行业先进技术，如 BIM 技术、装配式建筑、智能家居、物联网、健康环保技术等纳入家居产业的升级换代计划中，把共建产业生态作为引领传统企业实现行业转型、产业升级、增强自身竞争实力的核心驱动力。

作为蓝光万亿级产业生态链的成员之一，蓝光生态集团聚焦环境治理、智慧家居、绿色建筑三大业务领域，细分出蓝光咨询、蓝本设计、煜明装饰、金谷景观、优居科技和绿色建筑六大公司，力求打造出优质的绿色人居产品。

绿色人居产业不仅蕴含着巨大商机，还将成为中国未来人居发展的主旋律。随着中国环保事业的发展，中国建筑装饰协会正式发布了《绿色建筑室内装饰装修评价标准》（T/CBDA-2-2016），并于 2016 年 12 月 1 日全面实施。大环境的驱动与行业规范的树立，让市场朝着更加规范、更加有活力的方向发展。

尽管企业间的竞争在不断加剧，但从社会责任和企业诚信的角度考虑，企业要真正把环保融入产品与服务中，自始至终为消费者营造一个健康、自然和具有美学价值的生活环境。这是蓝光生态集团义不容辞的企业责任。

2017 年 8 月 4 日，《人民日报》载文指出：生态文明建设绝不是单纯就环境来解决环境问题，而是在新文明观指导下的经济方式、生活方式、社会发展方式、文化与科技范式等的系统性革命。

大势所趋，必有可为。蓝光生态集团更加坚定了前行的信念，那就是建立中国领先的绿色人居和生态环境整体解决方案的创新型服务平台。

程耀贵在内部培训会上分享了这一消息，并表示未来将实现从内部向外部、从自身经营向行业整合、从产品市场向资本市场的重大转型，将蓝光生态集团打造为技术密集型、管理密集型和服务密集型的轻资产、平台型的新经济企业。

2019 年 6 月，程耀贵站在蓝光生态集团三周年庆典活动的舞台上。当回忆起这一幕时，他依然有些忐忑。

在他的带领下，公司发展实现了大规模的突破，团队从当初的 26 人发展为如今的 1 000 余人，团队的平均年龄为 31 岁，充满了活力与希望。他在蓝光奋斗了十几年，积极开拓市场的同时，令他最担忧的不是工作中的挫折与困难，而是如何不辜负杨铿的期望，带领蓝光生态集团实现由"品质提升者"到"市场经营者"的角色转变，在蓝光万亿级产业生态链中发挥价值。

他要带领这群年轻人，在蓝光生态的平台上实现绝对的职业成长，实现个人的职业增值，最终实现引领行业的事业理想。

当程耀贵描述起蓝光生态集团的宏伟蓝图时，他表示，如果没有杨铿的大力支持和悉心指导，蓝光生态集团不可能有如今的发展，现在，蓝光的绿色版图也正按照计划逐步往外拓展。

【手记】

英国诗人丁尼生说过："梦想只要能持久，就能成为现实。"无论现实如何，蓝光始终未曾停止对未来的构想。未来人居会有哪些憧憬？

生态环境的持续改善将给人们的生活方式带来哪些改变？蓝光生态集团比任何人都更想知道答案。

"品于心，匠于行，做品质产品的践行者"，蓝光生态集团牢记这个使命。截至 2019 年 5 月底，在形成了成熟的集咨询、设计、采购、施工及售后服务于一体的建筑、装饰、景观和市政类工程全过程运营服务模式（CEPCM 模式）的同时，蓝光生态集团已经在全国 16 大区域的 60 多座城市成功解锁了 100 多个项目。

蓝光生态集团并不仅限于囤积资源，它在追求快速发展的同时，正尝试看懂世界，继而维护行业的生态。

这正与母公司蓝光发展的理念一脉相承。杨铿认为，顶级企业要有大局观，能够连续做出正确的决定，"如果一家企业连续二十几年都一直都有好运气，那就不是运气。"

第八节｜"懂"与"暖"

【引子】

2018年6月末，一部时长260秒的TVC短片在网络上流传。这部短片的名字叫《更懂生活更懂你》，短片呈现的内容正是蓝光刚刚发布的全新品牌主张。

乍一看，这部短片没有蓝光以往刚强、耿直的风格；但看过片子的人又发自内心地认为这就是蓝光——在商业竞技场上雷厉风行，对待客户如春天般温暖。

正如片中所说：懂你渴望安宁，（想要）一个无可替代的家；懂你渴望快乐，（想来）一场触及心灵的美好娱乐；懂你渴望无限可能，（期待）生命在阳光下舒展，始终拥有尊严。

这，就是蓝光想要表达、创造和实现的。

新主张的诞生

长期以来，蓝光人心里都是这样一句话：用心建筑生活。

它直白地表达了一家房地产公司的初心，同时用一种温柔简洁的方式提醒每一个蓝光人：不要辜负自己，要让每分每秒都过得充实；更不要辜负客户，为业主和商户提供最优产品是蓝光的至高使命。

这句标语一直延用到2018年，直到这一年6月，才被全新的品牌主张"更懂生活更懂你"取代。

在不知情的人看来，这只是公司更换了一句口号、一则广告语。但对于蓝光人来说，这不只意味着蓝光品牌形象的变化，更标志着一个新时代的到来。

2008 年，蓝光启动上市。不久之后，蓝光买下迪康药业的控股权，并在 2015 年完成了借壳上市。2015 年 11 月 10 日，蓝光首次通过官方渠道提出了"双擎驱动"战略，即"人居蓝光+生命蓝光"。这套战略设计引发了全行业的关注和讨论——原来，蓝光收购迪康不仅仅是为了借壳，也将迪康的业务作为战略顶层设计的一部分。

凭借着"双擎驱动"，蓝光把握了两大核心需求的价值点。曾经的四川房地产标杆企业，早已不满足于仅在地产界劈波斩浪，其更大的愿景在于专注生活的核心需求，为大众创造幸福生活。

随着集团顶层战略的改变，品牌战略势必也要更新换代。"用心建筑生活"这句标语，将随着蓝光步入全新发展阶段而淡出历史舞台。蓝光，将以更长远的视角和更包容的心态践行全新的品牌主张。

2017 年，习近平总书记在党的十九大上指出：我国社会主要矛盾已经转化为人民日益增长的美好生活需要和不平衡不充分的发展之间的矛盾。所以，美好生活是整个社会发展的大方向。

品牌商对政策变化的反应最为迅速。各大房企在强调建筑品质的同时，将人民的生活品质和家庭幸福也视作房地产企业的责任。从绿地的"让生活更美好"到万科的"美好生活场景师"，再到越秀的"成就美好生活"，一时间"美好"与"生活"成为出现频率最高的词语。

进入新阶段的蓝光，势必要更换新的标语；而新的标语，既要与政策和时代同步，又要在一众竞品中脱颖而出。蓝光希望能借助更换标语这一契机，向大众许下关于"美好生活"的承诺，用简短有力的话语展现蓝光具有社会责任感的企业形象。

　　这个任务自然落在了当时的蓝光品牌管理中心的肩上。为了寻找默契的项目合作伙伴，品牌管理中心的陈丹琳数次远赴上海，与多家4A广告公司进行创造力与洞察力的激烈角逐，并贡献了令人耳目一新的创意。

　　接下来，品牌管理中心与供应商协同工作，首先对蓝光分管不同部门的14位高管进行了专访。随后分别对客户、投资者和合作媒体进行了采样调研。等积累了足够的调研样本，再根据调研结果展开品牌策划工作。创造性的工作，也需要严谨的思路和流程，如此重要的任务，容不得天马行空的任性。

▲ 2018年6月，蓝光发展发布全新品牌主张：更懂生活更懂你

　　据陈丹琳回忆，提案8轮，共计创作新的品牌定位语21条，最后筛选出3条备选定位语——"观照美好人生""让生命更灿烂""更懂生活更懂你"。随后蓝光内部进行了一次民主投票，累计收到投票7 138份，其中"更懂生活更懂你"以4 382票的绝对优势胜出。

　　最后一轮提案，蓝光控股集团董事局主席、蓝光发展董事长杨铿也来到会议现场。当 PPT 被翻至最后一页时，始终安静的杨铿缓缓鼓起了掌。一声，两声，欣慰与憧憬的情绪感染了每一个人，热烈的掌声经久不息。

在场的蓝光人，望着幻灯片上那七个大字，眼中闪烁着星星点点的光，仿佛望见了闪闪发光的未来。

善筑中国温度

新的品牌主张也促使了蓝光产品主张的改变。

2015 年，蓝光的改善型代表作"雍锦系"在长沙、合肥等地亮相，路边的巨幅广告牌上书写着这样八个大字——来自成都，更懂生活。

宜居的成都，在全国人民心中几乎是"美好生活"的代名词。从成都走出来的蓝光，成功传达了其住宅产品的优势。之后很长一段时间，"来自成都，更懂生活"成了蓝光产品系在其他省市开拓市场的标语。

蓝光进军全国的步伐越来越快，蓝光的产品也越来越注重与当地的生活习惯和风土人情相融合，以"成都"为卖点渐渐显得不合时宜。"更懂生活更懂你"，这句全新的品牌定位语也一度成为蓝光的产品宣传语。

但没多久，蓝光就意识到了这种做法是具有局限性的。落实到具体的产品上，除了"更懂生活更懂你"的贴心，蓝光还需要运用更鲜明、更具象的话术去表达自己的产品主张。

蓝光决定从时代语境出发，打造更鲜明的产品主张。2010 年，中国跃居全球第二大经济体。旧有的机遇、经验已不合时宜，贫富差距大、阶层固化严重和老龄化趋势的加快成为新的挑战。物质高度发达的社会表层下，包裹的是现代人的焦虑感。

焦虑、疲惫以及伴随城市化而来的人与人之间的疏离感，成为这个时代的显著特征。居所——这个中国人最看重的东西，也承载了治疗现代人情绪的功能。

在这样的时代语境之下，中国的居民最渴望的是什么？什么词能够最大限度地概括时代和客群的需求？

产品研究院——蓝光打造产品的"先遣部队"，做出了这样的理解：蓝光系产品要提供给人们的，是一种有品质的生活，而非单纯地建造房子。蓝光在设计产品时，会细致周全地考虑客群的地域特点、生活习惯、家庭结构和审美需求。建筑仅仅是载体，它们承载的是普通人自己可能都没意识到的对于梦想生活的理解。蓝光懂得受众的愿望，懂得"何谓好生活"，并试图赋予产品血肉与人情。从人性的角度考量需求，蓝光便能够创造出更"懂你"的产品，构建人与物之间的情感关联，并通过这种情感的关联来提升产品的温度。

建中国的房子，给中国人以温度，"善筑中国温度"的产品主张和理念就这样被提炼出来。

此后，蓝光整合研发的六大产品系，无一不是从人本主义的角度出发，去思考需求、关联情感。

雍锦系是蓝光顺应时势、转型改善市场打出的响亮的一枪。其内涵来自中国传统府第文化，运用"贵雅东方"的美学理念，取法宋代建筑，通过现代手法演绎传递了中国人居中的生活礼序之美；芙蓉系则体现了中国传统的家文化，寄托了中国老百姓对大国盛世的向往和对小家富荣的愿景，将文化审美与家国情怀相结合，实现家族人居理想；黑钻系，以"精神自由、同而不同"为理念，借鉴顶级酒店的精髓，是蓝光为高端人群所打造的都市秘境；长岛系，以"流动的城市"为内核，以"大规划、大场景、大配套"为价值准绳，构建浪漫情致的生活博物区；未来系，作为蓝光的前瞻级产品，从"沉浸的场景、有趣的灵魂、便捷的体验"三大方向出发，融汇现代美学，打造共享式生活社区；商办系，则从产品设计和业态理念入手，定位城市新型三大社交空间，打造 7×24 全时生活平台，形成具有蓝光特色的"商办住文娱"五维聚合体系……

▲ 郑州蓝光长岛国际社区

▲ 成都蓝光长岛社区

从社区、服务到产品,蓝光将"温度"渗透居住者的生活。从"懂你"到给予"温度",水到渠成。如果说"更懂生活更懂你"表达的是蓝光的体贴,"善筑中国温度"则是令人倍感安心的承诺。

温暖的蓝色风暴

要经过再三确认,才知道是"暖蓝",而不是"暖男"。这是"暖蓝"这个概念被提出后在相当长一段时间内人们的第一反应。

"蓝",是蓝光的标志色;"暖",是蓝光的本质。四川话里,"暖蓝"与"暖男"谐音,巧妙道出了蓝光的企业气质和文化特征。

全新的品牌主张需要全新的落地媒介。"更懂生活更懂你"TVC短片发布后,"暖蓝"原创 IP 形象与大众见面的日子也开始进入倒计时。对于这个新代言人的模样,蓝光人充满了期待与好奇。

很多企业都有自己的 IP 形象,但蓝光希望"暖蓝"能够有所不同。"暖蓝"拥有的不应只有惹人喜欢的形象,还要有扎实的个性内涵。更重要的是，他能承担使命、孵化理想。

为了表现这一点，暖蓝 IP 在设计中经历了无数次优化。起初，他被设计成一个身材滚圆、笑容呆萌的卡通人物。但很快这一版本就被否决了。单纯、可爱无法构成蓝光人完整的画像，也体现不了蓝光的奉献精神与企业责任感。制作暖蓝 IP 的终极目的应该是将蓝光品牌人格化、情感化，然后通过他的故事情景、行为语言去演绎，并始终如一地恪守品牌核心价值。

机械版、抽象版、日系手绘版……设计师脚边的垃圾桶，堆满了废稿。经历了数不清的通宵的打磨，2018 年 9 月 25 日，"暖蓝"终于在蓝光人热切的期望中亮相。

"暖蓝"的主色调是蓝与黄。蓝色代表蓝光，黄色代表温暖。头上的星星代表探索，手环代表他关注身心健康，护目镜则表示他的钻研精神。他性格开朗，是个肌肉男，力气很大。他是摩羯座——十二星座中最脚踏实地、坚韧不拔的星座。

▲ 2018 年 9 月，蓝光发展发布全新 IP 形象——暖蓝

"暖蓝"阳刚勇敢，又不乏孩子般的纯真好奇。他懂生活，关怀每一个需要帮助的人，是传递正能量的使者。他对未来充满信心，是一个崇尚实干的乐观主义者。他也是侠客精神和阿甘精神的践行者。

"暖蓝"形象的发布标志着蓝光品牌战略工作进入一个全新的时期。

在蓝光的品牌推广计划中，"暖蓝"可以衍生出文创周边、微信表情包等；"暖蓝"也将成为蓝光品牌主视觉中的一部分，出现在海报、网站甚至员工的工作服上。

"暖蓝"传达的情感，体现了蓝光品牌与人们进行情感互动的意愿。让人们聚焦蓝光品牌文化——这正是蓝光期望暖蓝 IP 所承担的使命，也将是暖蓝 IP 反哺给蓝光品牌的礼物。

2018 年是格外重要的一年。全新的品牌主张，全新的产品主张，全新的 IP 形象……一切都是崭新的。

早在 2001 年，杨铿就提出了"双满意理念"——客户满意是我们的第一目标，（同时也要）尊重和关心员工的个人利益（让员工满意）。这句话被刻在了蓝光总部大楼最醒目的位置，十几年如一日地鞭策着每一个蓝光人。

蓝光无论经历多少次品牌升级，其内核始终不变。那就是企业创始人的初心——推己及人，实业报国，造福众生。

【手记】

中国经济步入高质量发展的新时期，消费者的需求亦随之升级。如此形势之下，"品牌发挥引领作用"上升到了前所未有的高度，针对房地产企业而言，品牌建设已是其进入行业第一梯队的必要条件。

　　蓝光对品牌建设的重视体现在方方面面。比如，蓝光总是能够在产品研发上切中要点，满足市场最迫切的需求。

　　之后一年，是蓝光品牌建设硕果累累的一年。2018年6月，蓝光荣列"四川名片"企业TOP10；2019年6月，在中国房地产品牌大会上，蓝光发展获评"2019中国房地产企业品牌价值TOP100"，品牌价值达500.2亿元；2019年9月，在"2019中国房地产品牌价值研究成果发布会"上，蓝光发展连续第4年荣获"中国房地产公司品牌价值TOP10（混合所有）"殊荣，排名上升至第5位；2019年12月，在亿翰智库·品牌万脑发布的2019年中国典型房企品牌指数TOP100中，蓝光发展名列第6位……

　　这些殊荣昭示着蓝光已站在了更高的起点上，开启了面对未来的全新征程。我们也期待着，这一抹蓝，能更深刻地融入这个时代的每一寸土地。

第九节 | 善行天下，暖蓝绽放

【引子】

2019 年 5 月 11 日，河北廊坊。

中国慈善联合会第二届会员大会暨二届一次理事会，发布了首个慈善领域的全国性公约——《中国慈善联合会会员公约》，同时进行了第二届理事会的选举。其中 22 家企业正式入选，蓝光发展名列其中。

受蓝光控股集团执行董事、蓝光助学基金会理事长唐珺，以及蓝光集团党委副书记、蓝光助学基金会执行理事长夏天的委托，蓝光助学基金会执行秘书长罗太学在现场见证了这个重要时刻。半年前，蓝光发展成为中国慈善联合会新会员。半年之后，蓝光发展成为理事会成员。

这是一种荣誉，也是一种肯定，是蓝光十年如一日对公益事业投入的结果，是蓝光在赈灾扶贫、教育扶智、产业扶能、全民公益的道路上留下的清晰足印。

2008 年到 2018 年的 10 余年，中国公益事业进入了全新的发展阶段。民间公益事业在曲折中扩大了发展空间。更多的民众和企业加入了公益事业行列，蓝光便是其中一道亮眼的光。

援建之路，深耕芦山

2018 年 9 月 6 日，四川省芦山县蓝光芦山三中（原蓝光思延中学）、蓝光凤禾中心校的升建工程竣工仪式暨开学典礼，在蓝光凤禾中心校正式举行。

崭新的校舍、整洁的操场、数字化的教室……两所学校的面貌焕然一新，随处可见孩子们灿烂的笑脸。

▲ 2018 年 9 月 6 日，蓝光芦山三中、蓝光凤禾中心校升建工程竣工
仪式暨开学典礼于蓝光凤禾中心校正式举行

蓝光控股集团董事局主席、蓝光发展董事长杨铿专门发来了祝贺视频，并寄语："要真正运用知识改变命运，要在这两所学校培养出一批非常优秀的人才。"同时，他也带来了蓝光的承诺：力争用三年的时间，努力改造并提升两所学校的硬件环境和软件品质，将两所学校打造成雅安地区一流的学校，乃至川西地区的名校。

这两所学校在 6 年前的芦山地震中几近被毁。而今天，它们重新以崭新的姿态出现在人们面前。这一切，缘于蓝光的努力。

成长于巴山蜀水间的蓝光，在重大灾难发生时，从来都义不容辞、快速响应。

2013 年 4 月 20 日，雅安芦山县发生 7.0 级强震。和遭遇 2008 年

的"5·12"汶川大地震时一样，蓝光第一时间捐款捐物，价值达
3 500 万元。其中的 2 000 万元用于定向捐建这两所学校。

由蓝光独立设计、监理、建造的崭新的学校在 2015 年 12 月落成。
学校坐落在在芦山秀美的山水之间，格外引人注目。

▲ 蓝天下的希望——2015 蓝光再向芦山公益行暨蓝光思延中学揭幕典礼

罗太学说，两所学校刚建成时，先期捐款还剩下 100 万元，学校
准备退回给蓝光，但立刻就被蓝光拒绝了。在芦山，蓝光想做的不仅
仅是修建两所学校，而是想真正推动芦山乡村教育的发展，使之与大
城市的教育水平接轨。

2017 年 9 月 1 日，蓝光相继在两所学校举办了"蓝光助学升级行
动启动仪式"，决定从硬件设施、人文环境、教师关怀和学生关爱这
四方面提升学校的综合实力。

2018 年 1 月 29 日，蓝光正式与芦山县人民政府签订了《芦山县
教育基地战略合作框架协议》，并追捐 1 000 万元，计划用 3 年的时间

对学校进行改造。

　　蓝光一步步兑现了自己的诺言，持续推动着芦山教育事业的进步。蓝光在蓝光凤禾中心校新建的综合楼里修建了不少多功能教室，孩子们有了专门上音乐课、美术课的地方；"爱心书屋"里的课外书超过30 000 册，是 2015 年蓝光通过"送一本书，圆一个梦"的公益活动募捐所得；还有能连接网络的计算机，让孩子们"有梦敢想，有梦敢做"。

　　校园在经历了一系列改造和升级之后已经焕然一新。而提高老师的教学水平，让芦山的老师去成都优秀的学校进修，则成为蓝光公益项目的下一个目标。

　　在进行了多方考察与交流之后，蓝光最终锁定了成都市泡桐树中学、成都市泡桐树小学和四川大学锦城学院这三所学校。芦山的老师们有了观摩学习、开阔眼界的机会。他们对学校的管理模式和特色教育等方面都有了新的体会。这些内化成为推动乡村教育的软实力。

　　原蓝光思延中学的化学老师杨建，读过苏霍姆林斯基关于教育的书籍，他坚信教育的出发点是对学生的爱与理解；美术老师张燕与学生们交流对"美"的心得，告诉他们什么是艺术。老师们坚定了教书育人的信念，不断提高自己的教学能力，为芦山的孩子们提供高质量的教学服务。

　　更值得一提的是，两所学校很快迎来了国际交流的机会。2018年，蓝光邀请了德国萨克森州的教育考察团来到芦山，与当地师生进行交流，为乡村的孩子们打开了一扇看世界的窗。孩子们兴奋地用简单的英语同考察团的老师们交流，不同于大城市孩子们的拘谨，这样自由热情的表达让老师们深受感动。

如今的芦山学子，正在他们最美好的年纪品尝着教育的硕果。在充满爱的环境中成长起来的孩子，在未来终有力量回馈社会。

慈善教育具有"造血"功能。贫困地区教育事业的发展，意味着这部分困难人群有了掌握知识文化的机会和择业的能力。正如 19 世纪瑞士著名教育家裴斯泰洛齐在其著作《林哈德和葛笃德》中所说，不是为了救济而是为了教育，要在"穷困中教育人"，通过教育培养他们的能力来摆脱贫穷，改变他们的贫困处境。

改革开放之后，慈善力量逐渐被倾注在教育领域，最有名的是"希望工程"。近年来，如"美丽中国""马云乡村教师计划"等一系列新生的慈善教育项目也在不断涌现。"帮助弱势群体享受优质教育"的理念是慈善领域的共识。

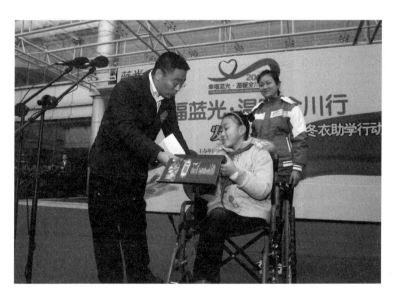

▲ 2008 年 11 月，"幸福蓝光·温暖全川行"公益助学行动

2008—2018 年，是中国公益发展的 10 年，也是蓝光探索公益之路的 10 年。蓝光的"四川成都蓝光助学基金会"于 2010 年 7 月获得政府批准，成为中国房地产界最早获得官方认可的助学基金之一。经过多年的探索，蓝光在教育公益事业上形成了自己独有的"授渔助学模式"，持续推动了乡村教育的进步。蓝光深入乡村，在贫困之地种下教育的种子，静待开花结果。

助力凉山，一村一幼

2018 年 9 月，蓝光在凉山州冕宁县的"一村一幼"幼教示范点迎来了新生，同时还迎来了一位幼儿教师。

这一年，这所幼儿园共有 112 名学生，全是少数民族。这是幼教示范点建成之后，学生人数最多的一年。而在此前，由于学校设施过于简陋，上课时间不规律，家长们都不愿意将孩子送过来。

普通话是凉山州少数民族儿童在学习上的最大障碍。在这之前，许多孩子由于缺乏学前教育，不会说普通话，导致上了一年级以后无法正常听课。现在有了幼教示范点，孩子们便能从小学习普通话及一些基本常识，为将来进一步的学习打下基础。

午餐也是一个问题。以前，在贫困地区就读的儿童每天只有 3 元钱的午餐补助，大多数幼儿吃不饱、吃不好，甚至无饭可吃，营养状况堪忧。为了解决这个问题，蓝光助学基金会努力对接外部资源，引入第三方（NGO）机构，提供资金、人力及物资支持，逐步解决了示范点幼儿的午餐问题。

如今的收获都是当初的坚持。早在 2011 年 4 月，媒体人邓飞联合

500 名记者发起了"免费午餐基金"。该基金作为民间力量，在一定程度上加速了"农村义务教育学生营养改善计划"的启动。蓝光将这样的行动延伸到了大凉山。

此外，"蓝光幼师班"也开课了。

2018 年 9 月，首期"蓝光幼师班"在西昌民族幼儿师范高等专科学校开班。从启动阶段开始，"蓝光幼师班"就推行以"培养为主、资助为辅"的模式，将国家指定课程与特色课程相结合，培养和储备专业幼师人才，解决贫困地区的就业问题。

经过严格的选拔，第一期幼师班从凉山州 17 个县市招收了 44 名来自不同民族的学生，包括藏族、彝族、汉族。成为优秀的幼师，是他们的共同梦想。马岗默被选中的时候，当场就哭了。由于家里过于贫穷，他从小就跟着家里人务农，没有上过幼儿园，一直非常羡慕能上幼儿园的孩子。而将来，他将以另一种身份进入幼儿园。

截至 2016 年年末，凉山州"一村一幼"工作取得初步成效，已建成 3 060 个教学点。要真正解决凉山州学前教育的问题，政府和民间公益组织都任重道远。

2018 年早春，习近平总书记看望四川凉山群众。针对脱贫攻坚战，他明确提出"最重要的，教育必须跟上，决不能再让孩子输在起跑线上"。凉山州学前教育质量的提升，"一村一幼"幼教示范点的打造，正是响应了国家的号召。

2018 年 8 月 14 日，蓝光集团党委副书记、蓝光助学基金会执行理事长夏天代表蓝光，在西昌与凉山州教育局、凉山州教育基金会签订了《教育帮扶项目捐赠协议》，正式启动了"一村一幼"公益捐助项目。按照协议，蓝光将在 3 年内投入 1 000 万元以上，用于凉山州 17 个县市的幼师培训、优秀老师激励、教学设施完善、蓝光幼师班设立等。

这些饱含爱心与智慧的措施，像星星之火，点燃了凉山州教育脱贫的希望，带来了更多、更大的可能性。

产业扶能，暖蓝底色

凉山州的贫困一直牵动着蓝光人的心。有一次，罗太学探访大凉山贫困村时，遇见一户困难家庭。这户家庭的情况让他的心被狠狠扎了一下。这户人家有 6 个孩子，最小的才 3 岁，父母双亡，使他们都成了孤儿，失去了劳动力和经济收入。罗太学见状当即送了 600 元生活费给他们。

"产业扶能，教育扶智"是近几年蓝光的公益模式。贫困地区要有赖以生存的产业，就必须进行产业挖掘，开拓市场。

2017 年开始，蓝光在凉山州逐步推进"产业扶能"的公益项目。

当年 2 月，甘洛县田坝镇青林村乡村路竣工，美好的蓝图翻开了第一页；5 月，四川省医药爱心扶贫基金会成立，蓝光发展旗下的公司迪康药业第一时间捐赠 30 万元作为基金会扶贫基金；8 月，以"凝聚民企力量，建设美丽凉山"为主题的"中国光彩事业凉山行大会"召开，蓝光在会上捐款 100 万元现金，用于资助凉山精准扶贫公益项目……

内生性脱贫，最重要的是激活贫困地区的内在活力。许多贫困地区的优质农产品，苦于没有良好的市场销路，只能低价卖出，产业无法发展。

2018 年，为了响应四川省统战部、四川省工商联、四川省光彩事业促进会"万企帮万村·消费扶贫"的号召，蓝光开始结对帮扶四川省乐山市马边彝族自治县的额洛与庄家坝两个贫困村，采购了两村村民自制的绿茶等特色农产品，打通了两村农产品的供应链条。

同年，蓝光又与凉山州甘洛县、甘孜州石渠县麻呷乡签署了结对帮扶协议。蓝光希望在贫困地区的脱贫道路上发挥自身优势，积极探索新的援助路径。

从零到有、不畏艰难，蓝光希望从力所能及的事项上着手，打开局面，真正让贫困村的产业活跃起来。

罗太学常通过微信与结对帮扶村的村民进行交流。村民们不时将农业、养殖业的成果发过来，他们抱着养殖的小猪，黝黑的脸上挂着幸福的笑容。

2018 年的"两会"上，杨铿作为全国人大代表提出议案——产业"扶能"，教育"扶智"，双手推动，聚焦内生性脱贫。杨铿指出，精准扶贫、消除贫困、改善民生、实现共同富裕，既是党和政府的使命，也是我们每一个企业和企业家的社会责任。通过创新机制推动产业扶贫、教育扶贫等精准扶贫战略的落地，转变方式方法，变输血为造血，实现贫困地区的内生性发展才是切实推动全国扶贫工作目标全面达成的有效途径。

在国家精准扶贫政策的号召下，蓝光作为优秀房企代表承担起了社会责任，将"坚持公益，创造美好生活"的理念融入企业文化，成为最耀眼的一抹"暖蓝"。

积步配捐，全民公益

一个新的公益时代已经到来。

2019 年 1 月 25 日，蓝光专属定制、助力公益的"积步配捐"微信小程序正式上线。

蓝光承诺，将每个员工每天走路、跑步的步数即时换算成千米数，每积累 1 千米的里程，蓝光即为公益项目配捐 0.1 元。

这一依托互联网科技搭建的蓝光公益智能平台线上管理系统，让蓝光和互联网时代无缝对接，推动了全体蓝光人对健康的向往，也传递了无疆大爱。

从 2019 年 7 月 29 日民政部第三季度例行新闻发布会的数据可以看出，2018 年，点击、关注和参与慈善项目的网民人数超过 84.6 亿人次，一些基金会的网络募捐已占捐赠总收入的 80% 以上。互联网为公益模式的创新提供了了巨大的平台和想象空间。

公益蓝光不能脱离这个时代，也希望通过搭建互联网平台，积极探索和推动公益模式的创新。2018 年 11 月 2 日，蓝光正式宣布每年的 10 月 31 日为"蓝光公益日"，并宣布将开展"健康运动，积步配捐"的全国性互联网公益活动。

"蓝光公益日"主张"善行天下，步步为你"。"积步配捐"则带领那些渴望从事慈善事业的普通员工走上健康之路，并引导他们投身公益事业，扩大公益成果。

蓝光的目标是让公益成为一种常态，让公益成为每个人的责任和义务。

"积步配捐"的微信小程序，成为国内第一家企业行为的线上公益平台。

至 2019 年 9 月 23 日，注册"积步配捐"的人数已超过 8 225 人，募集步数超过 9 亿步，募集里程超过 59.6 万千米。在行走中献出爱心，蓝光人前进的脚步更加踏实，更有力量，也更有温度。

未来，蓝光将用换捐的公益资金，寻找更多的公益援助项目，还会根据每个注册者捐出的步数对应配捐的公益项目。参与者随时可以了解这个项目的推进情况及受助人群的情况，以此实现自我公益的可追溯性和可跟踪性，让更多的公益活动在线上和线下持续互动与回应。

同时，蓝光也在尝试更多的公益创新。2019 年，在腾讯的"99 公益日"上，蓝光助学基金会成功申请了腾讯公益平台的账号，凉山州"一村一幼"援助项目作为优质项目获得线上募资资格。借助"99 公益日"和腾讯公益平台，蓝光的"一村一幼"援助项目共募集资金 12.96 万元。

未来，蓝光将带动更多的人加入全民公益行列，让他们被"暖蓝"照亮，同时也成为"暖蓝"的光束。

【手记】

杨铿曾说："我坚持认为，经济发展的最终目的是让人们生活得更加幸福，企业发展的最终目的是让我们身处的社会更加文明。"

这掷地有声的公益愿景，正在被蓝光践行。

中国公益的发展空间不断扩大，蓝光也在"公益自觉"的自我要求下持续付出，回馈社会。

20世纪90年代初，蓝光的汽配工厂就有残疾人员工。蓝光在内部设立了自己的员工基金，由内而外，以社会责任为己任，在公益道路上持之以恒、行深至远。截至目前，蓝光累计为慈善事业所捐钱物价值已达3.5亿元人民币，在贫困地区和少数民族地区援建中小学校30余所，为1万多名贫困学生提供了学习机会。

"在历史长河中，一个人的生命只是一瞬间，企业的生命也是有限的。一家企业，不能仅仅只有经营目标，还应有社会责任的目标。"正如杨铿所言，走过30年风风雨雨的蓝光，一直致力于"让公益成为企业的义务与责任"。

星星之火，可以燎原。秉持着"但行好事，不问前程"的行动态度，和"慈生我心，善行天下"的公益理念，蓝光带着最初的火种，不忘初心，坚定不移地付出着，将"暖蓝"的光和热传播到需要的地方。

第四章 本色浪漫

（2019 年至今）

在中国的新经济时代，房地产业也进入了万物互联的智慧化时代。未来已来，善于思变，以变迎变，才能走得更远。

蓝光的武器，是新经济思维和互联网逻辑，是不断进行产品创新，不断在智慧人居方面引领发展。

作为房地产行业代表，蓝光受邀参加了阿里巴巴主办的系列"云栖大会"，蓝光是行业信息化、数字化、智能化征程中的顺势者、探索者和进攻者；历时多年打造的六大产品系正式登台亮相，蓝光用匠心筑初心，是对"更懂生活更懂你"的承诺，对"善筑中国温度"的践行；进行了一场内部的组织变革，精总部、强区域，从使命之变到量级之变，再到逻辑之变；正式入驻上海总部，实现"上海+成都"双总部运行，体现了蓝光与更多标杆房企同台竞技的决心和勇气；旗下蓝光嘉宝服务在香港证券交易所主板挂牌上市，构筑起"A+H股"双资本平台，将资本运作与实业经营相结合，使聚焦于住宅地产与现代服务业的定位更加清晰。

"企业的发展像一场马拉松，勇敢顽强者胜，善于思变者胜，强者胜，勇者胜，坚韧者胜！"这不只是总结，更是一种展望。

新经济转型的稳健发展时期，蓝光的故事才刚刚开始。但蓝光人的本色不会变。

第一节 | "新经济"战略：全面开局

【引子】

2018 年，蓝光作为房地产行业代表，受邀参加了"云栖大会"。这次"云栖大会"的主题是：驱动数字中国。

蓝光首先参加的，是在 3 月举办的"2018 云栖大会·深圳峰会"。阿里巴巴集团资深副总裁、阿里云总裁胡晓明正式宣布阿里巴巴这一互联网时代的电商巨头将全面进军物联网，并将物联网作为阿里巴巴继电商、金融、物流、云计算之后的第五大主赛道。

物联网，也是蓝光的新赛道。

在此次深圳峰会上，蓝光与阿里云及中国泰尔实验室进行了意向签约，成为阿里巴巴全面进军物联网后第一批深度合作的地产企业之一。

多年前，蓝光就开始了"科技+"的新征程，看到了科技发展的广阔前景。如今，物联网时代来袭，蓝光作为房地产行业里"新经济"的开拓者，做好了领先入局、抢占先机的准备。

顺势者

嗅觉灵敏的蓝光，对市场的信息化趋势未雨绸缪。

2003 年 4 月，蓝光集团总部搬迁至成都高新西区西芯大道 9 号，总部的新大楼被命名为蓝光总部研发中心。隆重的乔迁庆典活动在大楼前的广场上举行。在为新总部剪彩时，蓝光创始人杨铿将右手举过头顶，眼中闪耀着 13 年来不变的光芒。他身后的活动桁架上，写着乔迁活动的主题：走进蓝光，走向未来。

走向未来，蓝光看到一个信息化时代的大幕正在徐徐拉开。

2003 年前后，蓝光还没有先进、完整的线上办公系统，唯一成体系的电算化系统是财务条线用以记录财务的线上系统。彼时的信息管理部门只为公司内部提供最基础的业务管理服务，开发和运营日常办公使用的 OA 系统，发布公司内部的新闻公告，以及完成普通文件的审批工作等。

在杨铿的一再强调下，蓝光开始从上至下，坚决推行信息化管理，无论大小事务的审批和汇报，必须通过线上办公系统统一办理。

"变化总是伴随着'阵痛'，过程并不容易，一些习惯了旧时工作模式的同事，一开始根本无法习惯。"蓝光发展战略管理中心数字科技部副总经理向斌回忆道。

"建立管理新理念，提升综合管理能力，使企业管理规范化、标准化、流程化"是杨铿带领蓝光对信息化时代的来临做出的最直接的回应，也是蓝光通过对内部管理的变革应对多变的环境和成熟市场而做出的回应。

"信息化要从过去主要侧重于服务经济的发展，转向服务于现代化建设全局的发展。"2005 年 11 月 3 日，国家信息化领导小组在召开的第五次会议上首次提出了这一论断。服务全局意味着，通过对信息技术的应用，转变经济增长方式，革新企业自身生产力，提高经济增长质量。

与此同时，为了迎接 2008 年北京奥运会，政府要求以提速和降价的方式大力普及、发展有线网络和无线网络。那一年，中国网民的数量首次过亿，成为仅次于美国的互联网大国。

在信息化时代的洪流里，蓝光是敢为人先的顺势者。

2013 年 10 月 8 日，蓝光总部五楼的会议室焕然一新，八块矩形大屏占满了一整面墙壁。向斌和蓝光信息管理中心的全体员工在这里向杨铿展示蓝光信息化技术的阶段性成果。

向斌用鼠标点开操作界面，八块屏幕同时启动。一部分屏幕展现的是工作汇报演示，另一部分远程联动了位于第一线销售案场的监控设备，以及项目工地高处操作塔台的两处监控。一时间，热闹的案场以及忙碌的工地景象实时展现在杨铿眼前，整个会议室成为科幻电影中的"作战指挥中心"。

这是企业管理信息化脱离纸质汇报、进行实时指挥的第一步，也是蓝光尝试与信息化并轨、提升自身管理水平的一个细节。这拉开了蓝光此后在数字化方面不断突破的序幕。

数字经济作为伴随信息技术兴起而发展起来的新经济业态，是全球经济转型升级的关键。传统企业唯有尽快加强对互联网的产业应用，才能提升并巩固企业在产业链中的地位。

2015 年，国务院发布了"互联网+"战略。O2O 模式和线上线下相融合的模式成为热潮。这对拥有大量线下实业的中国企业而言，是一个全新的挑战。

蓝光顺势而为，迎接了这样的挑战。原有的信息管理中心，也更名为互联网信息中心。蓝光正在打开一个全新的市场。

探索者

2016 年，"G20 峰会""上海迪士尼建成营业""VR 走向主流""房价飙涨""人工智能""全面放开落户限制""全面二孩""洪荒之力"等关键词登上百度年度热搜榜。互联网与消费者的关系变得更加紧密。

此时的蓝光极其敏锐地开始探讨利用新技术提供更优质服务的可能性。在客户标准化、社交网络化、产品智能化方面，蓝光采用了不同的手段来推动业务的发展。蓝光的数字化转型，进入了快车道。

2016 年，蓝光改善型产品闪亮登场。在"聚焦改善型住宅产品"战略引领下，2016 年 11 月底，成都蓝光·雍锦世家正式发布，其被视为蓝光"雍锦系"在当年底的压轴巨作。这一次，为产品价值加分的，也包含蓝光的"智能化"成果。

雍锦世家在高水准精装、景观、服务、产品设计之外，主打"智慧社区"概念，通过一款名为"魔镜"的智能终端，提供智能化的完整的居住方案。项目一亮相，立即引爆了行业及市场，被认为是"智慧社区"的样本之一。

▲ 蓝光研发的智能研发产品"魔镜"系统操作界面

雍锦世家的成功，让杨铿坚定了自己的判断。

在"第三届中美房地产高峰（成都）论坛"上，他充满激情地阐述了何为"洞悉未来，把握机遇"。此时的他强烈地意识到，随着大数据时代的到来，互联网思维将深刻影响和变革传统房地产业。拥抱互联网，主动变革和创新是决定胜负的关键。未来的房地产企业，要学习运用互联网的思维方式和技术手段，从客户需求和为客户创造价值的角度去变革和创新。

从单纯满足居住条件到打造高品质的生活社区，从满足单一的基本住宅需求向满足精细化需求的过渡，预示"精品工程+品质服务"的时代必将到来，以"物联网""社区服务 O2O 和 O2S"为载体的智能化社区是必然趋势。

在迎合时代、推动智能化战略落地的阶段，杨铿得到了一员良将——现任蓝光发展副总裁兼首席信息官马绍秋。

从世界五百强互联网公司离开后，本打算度假游学的马绍秋，收到了蓝光的邀请，他称此为缘份。进行数字化转型、智能化创业的企业不胜枚举，为何会选择蓝光？马绍秋回忆道："与杨铿交流后，他的坚决与支持，让我看见了蓝光在面对'转型'与'变革'时，有相当的底气与无限的可能。"企业家的魄力让他判断出，这是应该努力把握住的"缘分"。

2017 年，蓝光内部数字化建设全面展开，50 项涵盖经营决策、业务运作、管理保障、协调办公等方向的新建信息化项目全面上线，为后期蓝光的重大核心项目"数据治理"打下了坚实的基础。

这一年年末，蓝光发展获得了两个行业媒体的奖项"2017 年度十大转型先锋"与" 2017 年度中国数字化贡献奖"。

高度信息化、智慧云、物联网、人工智能是大势所趋，所有的行业及产业如果仍未觉醒，都将丧失竞争力。蓝光毅然走上智能发展之路，这将是比"互联网+"更大、更深、更未知的一个领域。

这时的蓝光，不只是一个顺势者，更是一个有使命感的"探索者"。它走在了拓荒的前列，希望在智能化方面引领行业的发展。

2018 年 7 月，蓝光发展"2018 年半年度总结暨下半年经营部署会"在蓝光集团总部召开。会议上，蓝光发展战略从 2.0 进阶到 3.0，即：以新经济思维和逻辑，构建同心多元化产业生态链，坚持规模与利润并重，实现高质量的增长。

大会上，杨铿提出了十大"新经济"思维和逻辑，其中包括"互联网化"。他对全体蓝光人说："善谋者谋势，不善谋者谋子。我们正处在一个变革的时代——新经济时代，需要看清形势，认清方向，对环境、市场和产业竞争格局等有全新的认识，并形成支撑发展的管理逻辑和执行方案。"

什么是互联网化？互联网化就是从外延到内生，将传统行业的互联网物联网化、人工智能化，以"IT+AI"赋能产业升级。

在这一年，中国新一代信息技术产业规模突破 23 万亿元。其中，中国人工智能产业规模进入全球第一梯队，达到 339 亿元人民币，远高于全球 17% 的增速水平。谁都不能否认，智能化已经成为引领新一轮科技革命和产业变革的重要驱动力。

经过不断修改和调整的蓝光智能化战略 3.0 版，为蓝光未来智能化道路制定了清晰的战略发展方向：以物联网技术为核心，借助 AIoT

（人工智能物联网）平台，服务智能家居等产品，构建智慧社区。

最终，蓝光智能战略 3.0 凭借优秀的战略规划内容，成为经典案例，收录于北京大学光华管理学院的教材《中国数字企业白皮书》中。

进攻者

2018 年 4 月，蓝光发展互联网信息中心成立了智能研发部，正式组建 AIoT 团队。从优势互联网企业招募了一批技术专家，用业界先进的开发智能项目的方法和模式快速进行研发建设，开始攻占全新的智能化高地。

"希望打造一支国内领先的地产行业智能研发团队，负责新技术的研发与落地，最终使蓝光集团具备科技原创能力，创造价值。"蓝光发展战略管理中心数字科技部 CTO 皮人伟带着这样的雄心壮志，加入了蓝光的智能研发队伍。

马绍秋代表蓝光在 2018 云栖大会深圳峰会上完成与阿里云及中国泰尔实验室的意向签约的时间，是皮人伟入职蓝光的第二天。皮人伟热情地转发了大会现场的照片以及与蓝光团队沟通讨论的工作照，并发布了一条朋友圈动态：这是一个拥有良好资源、优秀团队、清晰目标、善良同事的公司，就是累了点，不过我喜欢。

房地产业与科技结合的模式，正在影响越来越多的领域。面对数字化与智能化的新商业环境，以 AIoT 为代表的数据智能科技已经渗透并影响到各个行业。在新时代、新机遇下，数据与智能不只能为企业发展提供服务及业务支持，还将创造更大的市场价值。

随着智能化团队的成立，蓝光走上了智能家居的转型之路，对"更懂生活更懂你"的理念有了更进一步的发展。

蓝光智能研发团队首先搭建开源技术公共平台，用微服务（Kubernetes+Docker）及分布式完成平台架构设计，并完成了基础功能的开发，形成了 4 个核心技术标准化协议，方便设备快速接入。[通过海量认证模组（兼容 ICA 标准）即可快速完成接入，也支持基于标准接口的云云互联。]

2018 年 9 月 30 日，蓝光拥有自主知识产权、贯通完整产业链条的一站式物联网平台——蓝光 AIoT 智能人居平台 1.0 版正式上线。

随后，在不到 8 个月的时间里，平台完成了近 40 个厂商的近 200 个品类的接入。对已经接入的鸿雁、控客、百微、艾特等厂商形成智能住宅高中低配产品包，统一由蓝光智能 App、嘉宝生活家 App、蓝光智能中控等进行控制，并实现了跨品牌灵活接入。

同年，蓝光也在中国泰尔实验室专家的指导下，打造了第一个针对居住场景数字化及智能化孵化与应用的科技应用型实验室——蔚蓝实验室，将科技创新与蓝光产业相结合，探索智能人居生态。

2018 年 12 月，在"2018 年度千亿俱乐部走进蓝光暨蓝光智能战略研讨会"上，中国泰尔实验室与蓝光蔚蓝实验室再次达成共识，将联手打造智能人居场景下的"智慧生活创新实验室"，加速蓝光智能化项目的孵化与推进速度。

"在家居行业逐步陷入智能焦虑和智能强迫的狂热时代，蓝光保持着自己的步调与初心，坚持所有的产品都不跟风，做市场的引领者，而不是跟随者。"皮人伟这么认为。

▲ 2018 年 12 月 8 日，主题为"聚势、明道、共赢"的"2018 年度
千亿俱乐部走进蓝光暨蓝光智能战略研讨会"在蓝光发展总部举行，
会上举进行了"智慧生活创新实验室"的揭牌仪式

要做市场和行业智能进程的引领者，就是要做一个一往无前的进攻者，去攻克前进道路上的一个又一个难关和堡垒。

2019 年 3 月，蓝光跨界亮相中国家电及消费电子博览会（Appliance & Electronics World Expo，AWE）。作为唯一受邀参加本次 AWE 的房企，蓝光的前沿科技引来了海量的关注。

2019 年 5 月，微软人工智能和物联网实验室在上海浦东张江人工智能岛举行启动仪式，蓝光发展受邀参加启动和授牌仪式，标志着蓝光发展正式成为微软在全球的首批客户之一。

2019 年 6 月，蓝光发展作为唯一一家地产企业，携手国家智标委，与华为、阿里、小米等企业一起参编《物联网智能家居安全技术要求》。

攻坚克难，战果斐然。蓝光始终致力于把智能化带入千家万户，让用户享受科技带来的便捷。至 2019 年 7 月，蓝光智能已取得 24 个软件著作权，另有多项核心专利正在申请、注册中。

2019 年 5 月，蓝光地产互联网信息中心正式更名为蓝光发展数字科技中心。在随后发布的蓝光发展战略 4.1 中，杨铿提出了支撑战略方针的"IT+AI"支撑能力建设策略，即打造高质量且高度与房地产业相融的 IT、AI 科技模块，坚决推进"产业+科技"和"管理+科技"的创新模式。2020 年 1 月，蓝光发展组织架构进一步优化，数字科技进入战略体系，战略管理中心数字科技部成立。

2019 年，第五代移动通信系统（5G）已经成为全世界的热点。6 月 6 日，国家工信部正式向中国移动、中国电信、中国联通、中广电发放 5G 商用牌照，这意味着中国正式宣布进入 5G 商用元年。

长期以来，杨铿非常关注科技最前沿的发展动态。他认为，在未来，财富的积累靠的不是自然资源，而是数字经济。他认为，5G 已经成为世界新的"石油"。

2019 年 10 月，蓝光推出的最新发展战略，制定了"产业+财务资本化+科技"的三核推动型战略架构，以及推动企业快速转型的"7 大科技抓手"，希望全面引入人工智能、大数据、区块链、物联网、边缘计算等新技术及相关科技人才来有效推进企业数字化转型。

蓝光发展数字科技中心协同产品研究院、嘉宝、商业、营销、文旅、生态和生产质量管理部共同打造蓝光智能 AIoT-5G 平台，希望通过研发蓝光精灵、案场防飞单、三合一门禁、智慧通行、5G 灯杆等智能单品，形成智慧住宅与社区、智慧商业、智慧营销等方案，来支撑各业务的科技应用、数据沉淀与运营开展。

2019 年，蓝光在各大项目中使用大数据、云计算、人工智能、物联网、区块链、移动化等新技术提升产品核心竞争力及服务力外，引入 5G 技术并在蓝光蔚蓝实验室中实验。

这一年，在数字化专业的领奖台上也越来越多地出现了"蓝光发展"的名字:"2019IDC 数字化转型综合领军者""2019 年度数字化影响力企业""2019 数字化生态典范""2019 卓越数字化创新企业TOP10"……这标志着蓝光数字化建设已取得阶段性成果,蓝光正式开始了"未来企业"的新征程。

未来已来,以变迎变。蓝光在智能化、数字化的新征程上,保持奋进者的姿态,稳步向前。

【手记】

在蓝光发展的战略指引下,蓝光数字科技重点打造三项核心项目。一是以 AIoT 智能人居为基础的蓝光智慧物联大平台,二是以产业互联网为目标的蓝光阿拉汀建材集采大平台,三是造就良性数字资产的数据治理与数据中台。

大浪淘沙,科技驱动的商业时代已然到来。而如今的互联网时代,可能是近代以来最慷慨,也是最残酷的一个时代。科技进步的强大动力,把企业推进了一个不确定的世界,同时也赋予了企业不同的机会。

蓝光希望抓住这个绝佳的机会。

2020 年,蓝光将跨行业组建地产科技联盟,通过连接地产企业、科技公司、运营商、制作企业、中国信通院、国家智标委、行业组织等机构形成合力,打造地产科技生态圈,共同推进智慧人居新进程。

当房地产行业陷入智能焦虑和智能强迫的狂热怪圈时,蓝光保持着自己的步调与初心,拥抱新科技,重视新技术。特别是随着 5G 时代的来临,万物互联的智能时代也将迎来黄金发展期。

蓝光数字科技多年的建设成果,将会成为蓝光在这个万物互联时代赢得市场的基石和养分。蓝光数字化转型的步伐也会因此更加稳健,会走得更远,道路也更开阔。

第二节│善筑温度：从雍锦于心到芙蓉花开

【引子】

2019 年 8 月 23 日至 24 日，蓝光开了一场大会，是"践行战略4.0，坚持产品创造价值，打造一流产品能力"的蓝光产品体系大会暨"不忘初心，方得始终"2019 蓝光产品系共享发布会。

在产品系共享发布会上，蓝光经历多年创新迭代的 6 大产品系正式登台亮相，它们分别是雍锦系、芙蓉系、未来系、黑钻系、长岛系及商办系。

2014 年，蓝光发展提出"改善元年"的产品战略，用匠心筑初心。5 年后，蓝光发展的改善产品线从 1 个变成 6 个。但不变的，是对产品细节的追求，对"更懂生活更懂你"的承诺，对"善筑中国温度"的践行。

这的确是一个"不忘初心，方得始终"的过程，而在这个过程中，蓝光也一直保持着变局者的进取之姿。

转型改善产品

身为企业的领导者和行业的标杆人物，杨铿对于未来世界的变化总是比常人更为敏锐。

早在 2012 年，蓝光就凭借刚需住宅产品 COCO 系列一战成名，"COCO 模式"很快被复制到全国，蓝光在全国的销售额从不足 50 亿元迅速增加至 250 亿元。就在集团上下都在为这份卓越的战绩感到兴奋喜悦时，杨铿却在利好声中，捕捉到了一丝危机。

中国经济发展得越来越好，中国人的住房需求也水涨船高，不可能一辈子都蜗居在小户型里。这批"刚需青年"逐步成长，财富能力渐强，刚需市场势必会露出疲软的态势。蓝光想要更大更强，不能一招鲜吃遍天，产品转型势在必行。

不出所料，2014 年中国房地产行业迎来拐点。国家统计局数据显示，2014 年中国商品房销售面积、房地产投资额、新开工面积等系列数据，一改往年高歌猛进的态势，同比分别下降了 7.6%、9.3% 和 10.7%。过去几年的小户型热潮也在 2014 年跌至谷底。尽管政府推出一系列自下而上的"救市"措施，但市场仍未见显著好转。

诸多低落表现，令整个行业弥漫着不安的情绪，但低谷之中也暗藏机遇。

杨铿意识到，经济发展和房地产市场正面临转型，蓝光也需要寻找自身的创新转型之路，实现企业的高质量增长。

与此同时，蓝光的全国化布局也在加速推进，但能否真正在各大主流城市站住脚，则取决于产品本身。

2014 年 9 月 4 日，在一年一度的战略研讨会上，蓝光做出了一个影响公司未来发展的重要提议：向改善型产品转型，开发高端住宅。于是，蓝光的产品战略从"刚需为主"转型为"改善型刚需、改善型需求和高端需求"。

时任蓝光和骏实业有限公司副董事长、总裁张志成，对蓝光产品的转型有着深刻的理解。他说："我们从成立开始，都一直坚持市场化的道路。"

也正因为蓝光从来是个市场化的企业，所以会零迟疑去适应市场，基于市场形势变化做出调整。"到了 2014 年，我们发现随着政策的放开，市场有一个非常明显的变化，就是改善性市场已经到来。"张志成说。

针对高端产品通常要面对的周转问题，张志成表示，并非只有刚需产品才可以高周转，高端类产品虽然去化速度相对较慢，但由于利润率相对较高，因此可以带来资金的高周转。

2014年下半年，蓝光产品研究院应运而生，将曾经分属于不同中心的建筑设计、景观装饰、策划等业务部门全部整合到统一框架之中运行。这种调整极大地方便了人员之间的联动，提高了前期的信息沟通效率和全区的决策速度。蓝光能以更快更灵活的方式适应日新月异的市场。

这个新部门被寄予厚望，担负起向改善型住宅大举进军的任务：设计出能真正满足中国人居需求的住宅产品。

第一个产品系就是雍锦系。

雍锦于心

2015年10月11日，在成都"东郊记忆"旁召开了"蓝光·雍锦阁"产品品牌发布会。雍锦阁样板间首度对外亮相。

该项目具有大量的四川传统民居风俗特点和人文特征，融入了成都工业文明时代的红墙、钢柱等建筑元素，与成都文化名片"东郊记忆"相映成趣。

尽管雍锦阁项目占地仅25亩，但这一项目的落地成为蓝光产品战略全面转型的标志性事件，宣告了"雍锦系"这个专注改善需求的高端产品体系的成型。

事实上，雍锦系的推出，比原计划晚了半年。

"这在蓝光还是第一次。"蓝光发展产品研究院总建筑师郭震说。郭震年轻时便从事建筑行业，在深圳建筑设计研究总院担任建筑师达12 年，后又去了上海做设计管理。2009 年，郭震来到成都，入职蓝光，对蓝光的"快"深有体会："成都很慢，蓝光很快。但是雍锦系，在某种程度上却是慢的。"

半年，对于以快闻名的蓝光来说，实在不算短。但这半年里，蓝光并未停滞，而是做了大量的调研和思考。郭震后来总结，产品研究院利用这半年时间做成了三件事：第一，深挖改善型产品，从户型到景观装饰，事无巨细；第二，用非常高的标准去打造示范区；第三，深究地区文化，力图寻找一个文化载体，为这套产品赋予一个深厚的文化内核。

文化内核是产品系的魂。伴随着经济发展而来的，必然是文化审美的回归与提升。2014 年全年，习近平总书记针对复兴中华传统做了五次讲话，文化自信的理念逐渐渗透各行各业，中国人的文化归属感也逐渐被唤醒。同样的趋势也体现在了房地产领域：之前，西式风格流行一时；现在，中式风格又重新赢得大众的青睐。

蓝光基于这种认知，满足了人民物质生活和精神生活的双重需求，决心以建筑为载体，塑造一种"新中式"的生活美学。

多年的建筑师生涯，令郭震深刻感受到房子是美好生活的容器，是家庭亲密关系的能量场。蓝光想要在高端住宅领域独树一帜，必须在价值、文化、生活、匠心等方面投入大量心力，使产品与精致生活密不可分。

接近一年的蛰伏之后，蓝光迎来厚积薄发的一刻。看透了市场规律和文化趋势，蓝光对于第一份作品的模样，已然胸有成竹。

如果说小巧精悍的成都雍锦阁是一块试金石，那么合肥雍锦半岛则吹响了蓝光雍锦系走向全国的号角。

2015年的12月19日，主题为"大道拙朴，雍锦于心"的品牌发布会在合肥香格里拉酒店举行，蓝光雍锦系在合肥高调入市。

此时，合肥居民对住房改善的需求大增，蓝光抓住这个机会，市场销售业绩捷报连连。合肥雍锦半岛开盘后遭到疯抢，创下年销售额35亿元的佳绩，成为安徽省单项目销售冠军。

从此以后，品牌口碑开始迅速传播，行业认可度与日俱增。蓝光趁热打铁，把雍锦系带入一个又一个城市，南昌、苏州、长沙……截至2019年12月，雍锦系已在中国49个城市落定了77个项目。

雍锦系的成功，首先在于它对生活品质的追求。"贵雅东方"的美学理念，源于中国府第文化精神，聚焦于改善型人居住宅，契合了新阶段的市场需求。

生活富足，精神安逸，逐渐成为城市新贵的追求。人们对"贵"的需求随之产生，开始逐步追求奢华精装、社交平台、高端服务等的高端享受。精神主义豪宅随即到来。与此同时，文化回归、智能化配置、高端智能化服务逐渐进入生活场景，人类步入对物质追求的第四阶段——"雅"，即追求物质与精神和谐共处的生活方式。

蓝光重新定义"贵""雅"，吸取东方传统建筑中最华贵的元素，以现代建筑手法，加以提炼、抽象和演绎。

蓝光还邀请了著名书画家范曾先生题"雍锦"二字作为门匾，形成了具有标志性的专属门徽。著名作家余秋雨先生出版的《慢读秋雨——找到生活的慢》一书，充分诠释了雍锦系的文化内涵。

雍锦系的成功，其次在于它的标准化战略，具有可复制性。

为此，蓝光发展产品研究院成立专门团队，来推进标准化的工作。在标准化的过程中除了借鉴以往的知识经验，还要进行创新研发。所有创新成果都可以进入品控环节，具有实践意义的会接受市场的检验。一旦被市场认可，就会被加入标准化模块中。

当然，这个标准是一个不断迭代的动态过程。例如户型的设计，每半年就要进行一次微迭代，每两年就要进行一次换代，以适应新的市场变化。

最后，雍锦系的成功，还在于它精准的城市定位。

与主打刚需的COCO系不同，高端产品在不同城市落地时更容易出现"水土不服"的情况，所谓文化标签，不应该仅停留在营销层面，而是要具备真正差异化的价值点。因此入驻城市前，产品定位就显得尤为重要；一旦定位错误，就会满盘皆输。

为此，蓝光对产品研究院提出了"零失误"的要求。这让郭震感到了巨大的工作压力，同时也充满了挑战。他和他的团队进行了细致入微的调研，每一个方案都经过深思熟虑，根据不同城市的地域特征，进行本土化的打造。

这样的努力最终成就了雍锦系的文化价值。如果说合肥雍锦半岛是以"儒释道"和禅文化为精神内涵，那么苏州的雍锦园则是以江南园林、小桥流水为主题的新中式美学典范，而成都的雍锦世家是凭借双楠板块体现慢生活的理念。

▲ 苏州蓝光雍锦园

凭借雍锦系产品的多点开花，蓝光确立了改善型产品线的升级路径和复制手法。

2016 年，雍锦系荣获"中国房地产高端项目品牌价值 TOP10"；2017 年，荣获"中国房地产开发企业典型住宅项目"和"中国房地产精品项目品牌价值 TOP10"；2019 年，荣获"中国优秀社区服务项目 TOP10"，荣登"2019 年品质美宅产品系 TOP10"榜单。

这些荣誉，来自蓝光自身的努力，也是市场对蓝光的认可。

芙蓉花开

雍锦系让蓝光摸准了改善市场的方法，其产品研发灵感也在此基础上被一步步唤醒和激发。

2018 年 6 月蓝光发展发布全新品牌主张：更懂生活，更懂你。一个更"懂你"的品牌，从人性的角度出发，能够创造出更"懂你"的产品，构建人与物之间的情感关联，并通过这种情感关联赋予产品温度。所以，蓝光又提出了"善筑中国温度"的产品主张。

六大产品系正是"懂"和"暖"的产物。芙蓉系便是其中之一。

为何叫芙蓉系？蓝光产品研究院品牌副总经理周一帆表示："希望新产品能成为蓝光的标签，塑造蓝光的品牌，而芙蓉的'神'与'形'刚好符合标准。"

那么，芙蓉的"神"是什么？

芙蓉盛开，瑞气自来。自古以来，芙蓉是大国盛世的象征，是小家富荣的愿景，是中国独一无二的繁华意象。

在国人的心目中，芙蓉是繁荣与盛世；芙蓉是和平与祥和；芙蓉是国泰与民安；芙蓉是富贵与荣华；芙蓉是健康与长寿；芙蓉是团圆与幸福；芙蓉是荣誉与地位。

芙蓉作为吉祥的象征，核心在于表达人们对美好生活的向往，这就是芙蓉的"神"，也是芙蓉系所要传达的精神内涵。

相较于雍锦系"贵雅东方"的美学理念，芙蓉系则注重中国人的文化情怀。东方文化回归和对于"新中式"人居的诉求，彰显了中国人的伦理情感、生命意识与审美趣味。

小家繁荣大国才能昌盛。芙蓉系产品将中国传统生活情怀和"芙""蓉""家""晖"四字融为一体，建立起属于芙蓉系的文化价值观。

"芙""蓉"二字谐音"福""荣"，代表人们对幸福生活的憧憬。"家"为家族，讲究世界一家的胸怀，讲究宽窄之间的处世智慧，见证团聚与分享的幸福，是血脉亲情的归宿。"晖"则代表了平常日子里的美好。

蓝光产品研究院的产品组，走遍中国大江南北几十个城市，在传统的六大建筑派别之外，发现了一种叫"公馆"的建筑形态。周一帆表示："公馆是盛世繁华、花开富贵的建筑表达，这就是蓝光要找的'芙蓉'的形。"

芙蓉系的产品设计采用传统中式建筑的基本形态，并通过改良打破了官式大宅等级森严的氛围，让人感受到现代生活的舒适和情趣。

换句话说，芙蓉系兼顾了公馆的品质，也不失现代生活该有的样子，就是要让小家大国的思想在芙蓉系的产品设计中得到极好的体现。

这需要一种原创精神，更需要一种匠心。

从产品立意到成本模型适配，再到区域性适配，芙蓉系都进行了大量系统性的原创设计。在景观打造上，蓝光希望融入"芙""蓉""家""晖"四大元素，打造"芙蓉玖章"，即"锦绣前程""节节高升""步步生莲""贵气临门""四水归堂""富贵满堂""荷塘月色""花好月圆""多子多福"九大景观，在情境中表达芙蓉系的家族观念。且在门楣、挑檐、山墙等建筑元素中，融入了芙蓉的图案，传递了蓝光对于美好生活的理解和憧憬。

蓝光发展既坚持标准化，又对区域市场进行微创新，其产品研发贯穿始终。

2018 年 5 月 20 日，蓝光首个"芙蓉系"产品于西安推出，首开全清，进一步深化了蓝光扎根全国的战略布局。随后，蓝光迅速将芙蓉系推向达州、茂名、昆明……所到之处，芙蓉系都一跃成为当地的标志性住宅地产，刮起了一股住宅"中国风"。

▲ 茂名蓝光钰瀧湾

不同的产品系，却延伸出同样的产品奇迹。如果说雍锦系的成功源于精准的产品定位，那么芙蓉系则得益于蓝光对东方文化的精深解读和提炼应用。

正如此前杨铿所预料的那样，随着社会的发展和经济的进步，人们对于"家"的期望越来越高，对住宅产品也越来越挑剔。人们已然不满足于将住宅作为单纯的物理硬件，而是在寻求一个从物质到精神的生活终端。芙蓉系的出场，正是源于蓝光对这一诉求的深刻认识。

芙蓉系现象，至少提供了三个"懂"的启示。

首先，一个好的住宅产品，必须懂时代。文化复兴成为国家战略，传统文化、礼仪甚至生活方式被越来越多的人所重视，中国房地产市场正在进入文化驱动阶段，高端住宅首当其冲。

其次，一个好的住宅产品，必须懂市场。时代不断发展，科技也在进步。中国房地产行业经过 30 年的高速发展，红利时代逐渐消退，产品不断迭代演进，行业迎来了产品为王的时代。

最后，一个好的住宅产品，必须懂客户。大国盛世和小家富荣就是当下人民群众向往的美好生活。芙蓉系挖掘"芙""蓉""家"

"晖"背后的文化意涵，并将其进行符号化、图腾化，满足了客户对文化和生活的双重需求。

"懂"就是要打造具有温度的产品。这是"懂"的核心，也是如何"更懂生活更懂你"的现实表达。

2019 年 8 月，在亿翰智库主办的 2019 中国房地产业战略峰会上，蓝光·芙蓉系产品荣获"2019 中国房地产企业产品品牌 TOP1"；同年 9 月，在中国房地产 TOP10 研究组主办的"2019 年中国房地产品牌价值研究成果发布会"上，蓝光芙蓉系荣膺"2019 中国房地产优秀原创产品品牌"第一名。

这既是业界对芙蓉系的赞誉，也是蓝光践行"更懂生活更懂你"和"善筑中国温度"的开始。

【手记】

从 2014 年起，蓝光就笃定了"改善和高端"的战略定位。

至今，蓝光已经先后推出了包括雍锦系、芙蓉系、未来系、黑钻系、长岛系及商办系在内的六大产品系。而其中的雍锦系和芙蓉系，无论是在市场热度还是业内高度方面，都已经成为住宅地产行业的现象级产品。

与蓝光人聊天，出现最频繁的的词便是"创新"。

回首蓝光的发展历程，不难发现，正是创新者让蓝光引领了行业和市场，打开了全新的局面。世界在发展，时代在变化。百舸争流，蓝光永远以创新的姿态，迎接行业的风起云涌。

让未来提前发生，让美好变得更美好，不断迭代和沉淀的蓝光，把眼光放在了更高的地方。

第三节 │ 组织变革：千亿蝶变，静水潜流

【引子】

根据公司组织发展与人才战略需要,蓝光培训学院即日起更名为"蓝光管理学院"。

2019年9月6日,一则内部通知唤起了很多蓝光人的成长记忆。浮现在他们脑海里的,是那栋位于蓝光总部的五层独立欧式建筑。培训教室里的入职宣讲,沙盘推演时的模拟厮杀,铸剑班的纸上运筹,一楼健身房的挥汗如雨,每个蓝光人,或多或少都有着属于自己的"学院"故事。

"勤勉、强我、利他",从学院创立之初就确立的六字校训,伴随着每个蓝光人成长。无论是创业之初就加入团队的资深蓝光人,还是盘古计划招揽的业界精英,抑或刚刚踏出校门的"光芒生"们,都在这里以"训战结合"的方式,接受过系统化的学习。

从"培训"学院到"管理"学院,不起眼的两个字之差,其实是蓝光战略4.1系统推进的一个重要标志。

它的背后,更是一场看似风平浪静,实则波涛澎湃的蓝光变革。

使命之变:从人才赋能到战略传导

蓝光发展,一向被誉为房地产界的"黄埔军校"。经历过蓝光体系的锤炼,无数优秀的房地产从业人员从这里出发,开创出多姿多彩的职业生涯。但对于蓝光内部来说,这里还有一所军校中的军校,那就是刚刚更名的蓝光管理学院。

蓝光培训学院于2017年11月挂牌成立,承担了非常重要的企业文化和职业技能培训职能。在从业人员素质良莠不齐的房地产市场初级阶段，蓝光培训学院秉承"训战结合"的宗旨，通过知识传授、技能辅导、实战演练等综合手段，极大地提升了蓝光人的专业水平和职业素养。蓝光人的战斗力，不仅体现在市场搏杀的果决刚毅之上，更有着来自蓝光体系的内在技术支撑。

2017年12月，成立不久的蓝光培训学院经历了一次阶段性升级，标志着蓝光对于内生性人才的培养和供给能力的提升迈上了新台阶。

上市之后的蓝光，战略版图急剧扩大，对人才梯队的建设需求更为迫切。在此背景下，蓝光培训学院加强内生性人才的选拔和培养，大力打造"鲲鹏生""光芒生""朝阳生"三大校招品牌，积极补充新鲜血液；与此同时，开设"铸剑班""蓝咖课堂""浅蓝与深蓝领导力培训"项目，快速提升各条线的管理人员和业务骨干的综合素质。

可以说，蓝光培训学院已成为蓝光最重要的人才输送基地，通过内部培养、选拔，为各大"战区"源源不断地输送向前冲锋、攻坚克难的人才，持续不断地壮大蓝光军团的战斗力。

为了强调培训学院的理念，蓝光控股集团董事局主席、蓝光发展董事长杨铿亲自为培训学院题写了校训——勤勉、强我、利他。而这，也是杨铿对培训学院的期望与要求。

所谓"勤勉"，其中的"勤"是指勤奋地工作，找方法，找策略，而且要集思广益，"勉"则是敢于找出自身的不足，进行自我鼓励和激励。所谓"强我"，是指无论是企业还是个人，都必须是优秀的，只有不断地学习，不断地改进，不断地纠错，不断地提升自我，才能做到"强我"。所谓"利他"，一是指要为客户创造价值，二是指要对社会有所贡献。一个企业为客户创造价值，对社会有贡献，客户就支持你，市场就认同你。

2019年9月，转型升级后的蓝光管理学院再次迎来了自己的新阶段，以"管理"为关键词。这所蓝光人耳熟能详的学院，开始承担起新的责任——从传授赋能到战略传导。

关于这个话题，蓝光发展首席行政官兼蓝光管理学院执行院长孟宏伟最有感触。

在他看来，蓝光管理学院的转变，用"升级"二字来诠释更加妥当。过去的培训学院，主要传授知识技能、分析实战案例，对蓝光人进行赋能。升级成管理学院之后，它的内涵外延更深更广，肩负的任务也更加多维。

据孟宏伟介绍，蓝光管理学院的升级，是杨铿董事长在蓝光战略4.1的背景之下提出的全新升级要求。它顺应了蓝光整体战略升级的趋势，更意味着管理层面已达成了战略共识。

为了应对形势变化，蓝光战略4.1明确了"中而强，稳健前行，利润与规模并重，实现高质量增长"的战略方针，强化投资、营销、产品、财务资本、运营、人力及组织这六大战略核心的能力升级，应用产业、资本、科技三大核心持续推动优秀蓝光的建设。

在新的蓝光战略4.1当中，蓝光提出了三大核心要件：第一个核心要件是地产+现代服务业，产业为基础；第二个核心要件是要做好财务资本的引领；第三个核心要件是科技全面助力。至此，一个"后千亿时代"的蓝光发展战略浮出水面。

这个宏大的企业战略方针，赋予了蓝光管理学院多维度的职能要求。蓝光管理学院就是要协助公司把战略 4.1，通过培训的方式传递到每一层的管理者和员工中去，让每个蓝光人充分理解和吃透蓝光未来发展的逻辑。更重要的是，要明确战略 4.1 时代对各条线、各层级管理者的具体要求。升级之后的蓝光管理学院，对战略的逐级解码，对一把手管理能力的打造，乃至对行业优秀经验的落地等方面，势必发挥越来越重要的作用。

《礼记·大学》中有这样一段深刻的论述："物有本末，事有终始，知所先后，则近道矣。"从最初的专业技能的培训，到后来的人才梯队的建设，再到如今的战略逐级解码，学院的这个"更名"看似不起眼，但足以在蓝光发展史上留下极具智慧的一笔。

量级之变：从迈向千亿到千亿之上

2012 年，蓝光提出"九年千亿"的目标。在这个宏大目标的引领下，蓝光发展一路高歌，不断向千亿俱乐部迈进。

2019 年 3 月 17 日，蓝光发展交出了 2018 年的成绩单。根据公告，2018 年公司地产业务流量销售规模为 855 亿元，与 2017 年相比销售业绩上升 47%。同时，2018 年蓝光发展代建规模翻番，代建总货值约 319 亿元。

时隔 6 年的蓝光，终于站上了更高的企业发展关口。然而，蓝光没有停留，用最快的速度开始了又一次的自我蜕变。2019 年年初，一个"渐进有序"的浩大工程在蓝光内部悄然展开，仿佛一场沉默但坚毅的行军，从上到下、由内及外地改变着蓝光的组织逻辑。

2019 年 1 月开始，蓝光集团内刊《管理变革报》陆续刊出了系列文章，为这场"组织变革"预热。4月1日，杨铿在署名《渐进有序推进组织变革，释放与激发一线活力》的文章中，不仅剑指更高的年度目标，还从战略发展的高度，提出了蓝光组织变革的16字方针——精兵简政，放权赋能，服务效率，安全质量。

　　为了推进组织变革工作，蓝光内外并举，组建了堪称最专业的重磅团队：内部，成立组织变革工作小组，以蓝光控股集团董事局主席、蓝光发展董事长杨铿为组长，蓝光发展副董事长、时任首席执行官张巧龙任副组长，蓝光发展首席行政官孟宏伟担任执行组组长，核心高管团队担任组员；外部，蓝光在与国内外一流咨询管理团队充分接触后，选择赛普咨询作为辅导机构，全程参与组织变革工作；赛普配备了一个将近10人的工作团队，长期驻扎蓝光。

▲ 2019年蓝光集团组织变革大会合影

　　在执行组长孟宏伟看来，这场变革应该从两个方面来理解：第一是要坚定组织变革，第二是变革的节奏一定是渐进的。

为什么必须坚定地做组织变革？因为蓝光开启了千亿之上的全新发展阶段。孟宏伟说："如果说千亿之内，是蓝光从区域走向全国的过程，那么千亿之上，则是蓝光怎样成为一个优秀的、真正意义上的全国化企业的过程。在千亿之上，蓝光的组织体系、人才队伍、运行机制、公司文化，乃至事权、决策权的运行效率，都需要具有真正的全国化公司的内涵。甚至未来，在全国化的基础之上，蓝光还将尝试探索走向国际化。一个新的企业发展阶段，带来的必然是新的战略逻辑。"

"千亿"蓝光，不仅是单纯的数字量级的变化，更是蓝光发展的又一个分水岭。孟宏伟表示，千亿之上和千亿之前的发展逻辑必然不一样，管理和业务的逻辑也必然会随之发生改变。很多组织体系内部的要素和结构都将面临新的调整和适配。

"这种调整和适配，如果不是主动迎变，就会发生被动的挤压。与其被动地挤压，暴露出很多问题，不如主动迎变，主动去适应变化，去响应和支撑未来的发展。"孟宏伟表示。

但为什么又要稳健有序、分步骤地进行变革？在孟宏伟看来，当下蓝光面临的所有变革都是一个解构和建构并重的过程。原来的组织形式可能不一定符合新的发展阶段的需要，但它运行了这么久，自有其存在的合理性和必然性。孟宏伟用了一个生动的例子来作比喻："就好比一辆车正在高速行驶，我们又需要在车辆行驶过程中去换轮胎、换发动机、换一些非常重要的部件，那么必然要分步骤、稳妥地进行。"

一路走来，向着新的年度任务进军的蓝光，一面要对组织结构实施大刀阔斧的改革，一面还要强力保证完成企业既定的经营目标。

摆在蓝光面前的，是一个头绪繁多却势在必行的巨大课题。

逻辑之变：从战略 4.0 到战略 4.1

"无所不备，则无所不寡。"只有抓住问题的核心，以企业战略为组织变革的总体引领和工作框架，才有机会完成这个看似不可能的任务。这条核心的工作主线，贯穿了蓝光从战略 4.0 到战略 4.1 的变迁。

2019 年 2 月 16 日，蓝光发展召开了"2018 年年度总结暨 2019 年经营部署会"。在这次会议上，蓝光发展正式提出公司战略 4.0，就是要坚持中而强，规模与利润并重，实现高质量增长。以"硬实力+软实力"构建蓝光强大的综合能力。为此，蓝光将打造五大战略核心能力体系，包括投资能力体系、产品能力体系、营销能力体系、财务能力体系和人力及组织能力体系。

战略 4.0，充分体现了蓝光"以变迎变"，迎接全新发展阶段的信心和决心。而在前文提到的战略 4.1，实质上是在 4.0 基础上的一次延伸。

据孟宏伟介绍，战略 4.1 可以视为 4.0 的升级版。首先，其提出除住宅产业之外，还要进行"住宅产业+现代服务业"的升级，这是在产业布局上的一个本质变化。其次，在财务资本方面，除了"地产+金融"，蓝光战略 4.1 还提出了"金融+地产"，并且积极运用"铁狮门模式"和"平安不动产模式"，这又是两个完全不同的内涵。再次，迈向精细化管理的蓝光提出了科技赋能，提升效能和效率。最后，在五大战略核心能力上，蓝光强调了运营能力。

以战略 4.0 为总纲，围绕着战略的落地和新的发展需要，蓝光正式开始实施有步骤的组织变革。据孟宏伟介绍，2019 年，蓝光的组织变革主要围绕两条主线进行：一条线是精总部、强区域，对组织能力进行升级；第二条线是打造更加充满活力和竞争力的激励机制。围绕战略 4.0 的纲要，怎么让组织充满活力，怎么让团队充满活力，成为组织变革小组关注的核心问题。

据介绍，从 2019 年 3 月到 12 月底，蓝光的组织变革和激励变革基本上分成了三个阶段来进行，分阶段制定不同的核心工作任务。

第一阶段：精总部

根据变革工作小组的安排，第一阶段以精总部为主要的变革任务。精总部就是把蓝光集团总部的传统架构划分为前台、中台和后台，对一线作战进行部署。

前台聚焦于经营作战和经营指挥，承担销售、产品、生产、运营等任务；中台主要是财务、组织、IT 等保障型部门，要做到职能协同，并对前台进行支撑和保障；后台主要涉及战略和风控，起到掌舵的作用。

通过对前、中、后台的划分，蓝光形成了一个界面清晰、协同有效、面向作战的总部组织架构；与此同时，加强对一线的授权，极大地优化了总部的协同效应。

这种看似简单分工的背后，却是复杂而剧烈的组织变单。2019 年 3 月至 12 月，蓝光总部的组织架构发生了翻天覆地的变化：19 个一级中心整合成了 10 个，80 个二级部门整合成了 30 个。通过这次调整，蓝光整合掉了 62% 的二级部门和大约 50% 的一级部门，对于一个千亿级的企业，这相当于对总部的组织逻辑进行了重新架构。

孟宏伟举例说，过去财务中心、资金中心、预算成本中心、证券部是四个并列的一级中心，调整后则合成了一个中心，就叫财务资金中心。财务资金中心之下，财务、资金、预算成本、证券部都是其二级部门。这些业务是强相关的，调整成一个中心后，工作配合成为体系内的协同合作，效率自然就高了很多。

更重要的是，总部的人员编制从年初的 670 多人，到年底已控制在 400 人左右。这一方面极大地整合了强相关的职能，减少了重复设置的部门，增加了部门之间的协同和内部统筹；另一方面，把更多的骨干人员输出到一线，意味着授权给一线，减少了总部对一线操作性工作的直接参与。

这样做的目的在于，精总部的同时也在强化一线队伍的建设，强化向一线的授权，可谓一举多得。

第二阶段：强区域和强公司的决策效率

针对"强区域"的工作目标，蓝光把各个区域划分为"军""师""团""营"四个类别，在后续的组织变革中，进一步划分为"军""师""团"三个类别，进行差异化的管理和授权。同时，在此基础之上，着力打造三个核心的能力。

首先，采用"经营副总裁+PMO（项目管理办公室）"的机制，强化区域的经营统筹能力。其核心就是围绕区域的 TVPC（目标、货值、利润和现金流）的经营主线，用"经营副总裁+PMO"的机制，去统筹区域的生产、外联、财务、采购、营销、产品等职能，使原有职能条线从本位的区域运作，变成围绕 TVPC 的经营主线来发挥职能价值，进而强化区域的经营统筹能力。

其次，强化城市公司的深耕发展能力，完善城市公司的责任权利；

强化城市公司的资源配置能力，培养经营组织型的城市公司总经理，让城市公司全面承担从投资到经营发展再到团队管理的责任。

最后，强化每一个项目"做成管好"的能力，其核心就是强化项目总经理的经营、统筹、管理能力，选拔培养经营型的项目总经理。项目总经理带领团队，把每一个项目全面"做成管好"。除了进度、外联等工作之外，他还要对项目的销售、现金流、利润、品牌、客户满意度等全面负责。

对于区域，目前保持区域的整体架构基本不变，但是会强化蓝光战略聚焦的 60 余个城市的深耕发展组织设置，整体从原来的二级架构变成三级架构。过去的二级架构体系是"总部—区域"，现在就变成了"总部—区域—城市公司"。区域变成一个平台，真正深耕发展的是各个城市公司。

▲ 2019 年"强区域"之经营副总裁、城市总经理、项目总经理

专项培养赋能计划——铸剑、启航特训班开班仪式

第二阶段中强化公司决策效率的工作目标的核心在于厘清事权和决策权及对运行效率的提升。据孟宏伟介绍，过去公司有若干个决策委员会，每个委员会有不同的领导小组，还有在不同的项目开发阶段支持项目经营发展需要的专委会等决策机构。决策机构过多导致了决策边界不清、决策流程过长、参会次数过多、占用大量工作精力、授权不足等问题。经过这次与赛普的深度梳理，蓝光将在整个公司建立两类三级决策体系。

其中一类是经营管理类的决策，另一类是项目运营类的决策。所谓三级是指：集团层面由委员会集体决策，体系层面由一把手决策小组论证，第三个层面就是区域层面的决策。公司通过把需要决策的事务分类分级地搞清楚，尽可能往下授权，在效率上就有了很大的改进和提升。同时，把原来的若干委员会、领导小组、专委会进行归并。机构少了，授权增加了，权责和边界明晰了，整个组织的运行效率就会提高很多。

2019年9月，蓝光的组织改革已经进入到第二个阶段的收尾阶段，从10月份开始进入第三个阶段。

第三阶段：基于ARIS的流程优化

蓝光于2019年10月份在集团内全面推行基于ARIS的流程优化。所谓"ARIS流程优化"，主要是指将制度、流程、权责和IT一体化，提升在不同业务场景中每一个具体岗位上的员工的作业运行效率。

针对ARIS的流程优化，蓝光通过跟一家名为博阳的专业机构合作，把所有的组织机制落到业务的运行场景当中去，下沉到业务的末梢。孟宏伟说，如果所有的组织变革都能完全落到业务场景中去、落到每个员工的作业流程中去，那么管理变革才算真正落地。根据总体进程，组织变革的三个阶段基本上能够在年内完全落地。

蓝光同时还和国际著名的咨询公司罗兰贝格进行合作，设计了新的职级体系，匹配相应的激励变革方案，建立基于 EVA——经济价值增加值的奖金池测算及分配体系，并对原有的"蓝色共享和蓝色创享"激励机制进行进一步升级，以匹配蓝光新的发展阶段，支撑公司在千亿之后的发展逻辑。

从 2019 年 3 月初启动，到 9 月中旬已完成了三个阶段的准备工作，蓝光的组织变革以令人震惊的效率和速度在持续推动。但变革就意味着变化，变化就会引起阵痛。

思想之变：从静水潜流到水到渠成

2019 年 5 月，蓝光在上海总部召开了一场层级很高的组织变革研讨会议。两天的时间里，总部的总裁班子和中心总经理以及区域总经理，全部放下手头的工作，针对组织变革的初步方案进行全封闭讨论。

激烈的争论，如预想中那样发生了，但争论的价值也在过程中不断显现。当天主持变革会议的执行组长孟宏伟回忆："争论非常激烈，但大家都很开放，把所有的观点都当面摆出来。让大家看到问题，就等于这个方案成功了一半。实际上当最终方案确定时，百分之七八十的意见已经统一了，虽然有人不完全同意，但是他理解了为什么公司要这么去做。"

变革是什么？变革就是改变利益分配。这种利益分配不光是针对权力、奖金，还包括对资金的控制、产生的影响力、得到的安全感以及惯性等。孟宏伟说："落到每个人身上，还是挺痛的。"以蓝光总部为例，19 个中心变成了 10 个中心，每个领导下辖的中心到底要不要整合？原来 80 个二级部门变成 30 个，负责人何去何从？谁上谁下？这一切无不意味着一场持久的磨合。

但蓝光的组织变革，就是在这样的重重困难之下推进的。"组织变革体现了一个公司的发展意志和决心，但是充分讨论、充分征求意见是有助于达成共识的。因为我们的员工都是开放的，不要把变革变成一件偷偷摸摸的事情、一件不敢公开的事情，要相信几乎所有的员工都是希望公司能够很好地成长和发展的。"孟宏伟感触很深。

从本质上来说，这是蓝光的一次深刻的自我革新。尤其对蓝光来讲，千亿之上这种组织变革和机制变革，是一个主动迎变，而不是被挤压之后的倒逼变革。也正因为是主动变革，所以这个艰巨的任务拥有一定的先发优势。蓝光控股集团董事局主席、蓝光发展董事长杨铿是变革的引领者，包括 SDT（战略委员会）和 EMT（执行管理团队）在内，大家在战略上达成了共识：到这个阶段，蓝光必须在组织机制的改革上主动变化。因为有了共识，核心高管团队对组织变革的认识是统一的，也是主动的。这成为变革成功的关键。

组织变革领导小组在整个过程中投入了大量的精力，直接参与了很多事情的讨论、决策和推动。作为执行组长的孟宏伟，更是在这件事上投入了自己将近一半的时间。

而更重要的还在于，几乎所有一线员工都参与了变革方案的讨论、执行和落实。这让蓝光员工有了参与感，深刻理解了变革的重要性。

据孟宏伟介绍，所有变革方案的最终确定都是分阶段的。每一个阶段性的工作基本上都包含了这些流程和步骤：调研—方案形成—方案论证—方案决策—分解落地的计划实施—分步骤落地实施—效果评估—方案再优化—阶段方案夯实—下一个阶段启动。

以"精总部"为例，除了总部各个职能中心全面参与之外，还采用访谈和问卷调查的方式，全面征求了一线员工的意见。一线员工把自己对总部的疑问和期望全部反馈出来。工作小组将其分类整理后形成初步方案。初步方案完成后，工作小组又专门在上海召开变革会议，经过两天的论证之后，才确定最终的方案。即便是最终方案，在推动的过程中依然需要继续征求意见，持续修正。

与此同时，一月一期的蓝光《管理变革报》也发挥了至关重要的作用。每期的《管理变革报》都会对公司组织变革的推进进度、变革的想法、整体的安排及核心的内容进行全面发布，让所有员工都能及时了解进展，参与其中。

这场效率很高的组织变革，已经从静水潜流之态，发展成为水到渠成之势。通过这场组织变革，蓝光绘制出了崭新的战略蓝图。

【手记】

没有有趣的故事。

对从头到尾经历了组织变革全过程的孟宏伟来说，他拒绝用提炼有趣的故事来回应我们的采访。在孟宏伟看来，这场对于蓝光发展意义深远的变革，值得用更加严肃、庄重和充满敬意的态度来审视。

也没有金句。

面对媒体采访渴望爆点和金句的诉求，孟宏伟也选择了平和地拒绝。因为这场几乎重新改写了蓝光组织结构的变革，从头到尾都非常平实低调，润物细无声，也于无声处听惊雷。

但，还是有一些花絮的。

当他不经意说起，杨铿董事长亲自参加了数不清的方案汇报决策会；当他说到，组织变革过程中形成的方案，已经多到无法记住有多少个版本；当他提及朋友给自己寄了新的茶叶，都第一时间送一盒给赛普的驻场团队品尝；当他在采访结束时意味深长地说到，蓝光的变革是永续的……

这一篇篇幅远超其他文章的采访还有许多的未尽之意，留待时光揭晓。

第四节 │ 中国蓝光：谋势布局，上海起航

【引子】

位于虹桥世界中心的蓝光发展上海总部对于蓝光人来说既陌生又熟悉。

陌生，是因为相较成都总部而言，这里是一个完全按照国际化标准打造的、5A级高级办公区，融入了很多科技元素；熟悉，则是这里的每一个角落都体现了蓝光的企业文化，和成都总部并无二致。

2019年9月20日上午，蓝光控股集团董事局主席、蓝光发展董事长杨铿，站在入驻仪式的庆典台上，宣布上海总部正式入驻虹桥世界中心，这意味着蓝光发展正式开启了"上海+成都"双总部运行模式。

当天几乎所有蓝光发展的高管都莅临现场。杨铿和现任蓝光发展副董事长、时任首席执行官张巧龙、蓝光发展联席总裁兼首席运营官余驰、蓝光发展首席财务官欧俊明、蓝光发展监事会主席王小英、蓝光发展首席行政官孟宏伟、蓝光发展资金副总裁王万峰、蓝光发展副总裁兼董事会秘书罗瑞华、蓝光控股集团执行董事兼助学基金会理事长唐珺共9人，一起上台开启了蓝光的新航程。

"东进" 布局

"双总部"战略的真正确立是在2019年3月。从这些年蓝光全国化战略的进程来看，设立双总部可以说是水到渠成。

2015年11月24日，坐标苏州。在被当地媒体誉为年度最大规模的土地拍卖盛宴上，蓝光经过299轮叫价，拿下被广泛看好的前地王苏地2015-WG-36号地块，即木渎金枫路地块。

这就是后来的蓝光雍锦园项目。

尽管之前两年蓝光也陆续在"长三角"区域布局，但此次拿地更具标志性意义，因为这意味着蓝光"东进"的大幕正式拉开。

2016 年年初拿下南京板桥地块之后，蓝光发展于同年 5 月在上海陆家嘴东方金融广场设立了华东区域总部。

在区域总部的高效执行力的驱动下，蓝光迅速在南京、南通、无锡、扬州、嘉兴等地布局。至 2017 年第三季度，其在"长三角"地区的项目已经达到了两位数，再次上演蓝光速度。

显然，在蓝光当时的战略布局当中，"东进"被赋予了特殊的战略意义。现任蓝光发展副董事长张巧龙在出席"2017 年博鳌房地产论坛"时公开表示，"长三角"城市群一直以来都是蓝光的重要战略部署区域。

事实上，蓝光早就提出了"1+3+N"战略。"1"是以成都为核心的大本营，对周边城市进行深耕；"3"是重点发展京津冀城市群、杭州湾为代表的华东地区以及粤港澳大湾区经济带；而"N"则是指作为战略支点的绝大部分省会城市及计划单列市。

2018 年 2 月，国家发展改革委、住房城乡建设部联合发布《关中平原城市群发展规划》（简称《规划》）。《规划》称，国家级城市群正式升级为 8 个——京津冀城市群、长江中游城市群、成渝城市群、长三角城市群、珠三角城市群等。这些城市群成为房企的必争之地。

"1+3+N"战略，体现了蓝光敏锐的市场洞察力。

长三角城市群无疑是重中之重，一些知名房企重仓于此。比如，万科业绩的 50% 来自长三角区域，而新城千亿业绩里的 75% 依赖于长三角。

其重要性不仅体现在市场容量上，更体现在战略地位上。

上海不仅是长三角区域的核心城市，更是中国最大的经济中心和贸易港口，是全国重要的科技、经济、贸易、金融和信息中心，全国的优秀人才汇聚于此。中国第一个自贸区建在上海，中国原油期货市场建在上海，中国的沪市证交所也在上海。教育方面，"双一流"高校有 14 所，中央部属高校有 10 所，中国科学院上海分院下辖 15 个法人研究机构。这些资源都具有明显的优势，而其国际金融中心的定位，对房企融资和降低融资成本都有很大帮助。

此外，上海的城市地位还可以提升企业的品牌形象。总部落在上海，企业可以实现从区域性公司到全国性房企的转型。

上海自然而然成为很多重要房企总部的选择。最近几年，大规模的房企迁至上海或者在上海设立双总部，融信、正荣、中梁、中南、新力、协信、中骏、东原等 50 强房企总部先后落地上海。到 2019 年上半年，行业 TOP30 的阵营中，已有 9 家企业总部落户上海。他们迅速走上了全国化的扩张道路，进入行业 15 强。特别是阳光城，总部搬迁至上海后的 6 年里，规模扩大了 23 倍，达到 1 600 亿。中梁则在 2016 年和 2017 年连续两年增长超过 100%。

蓝光"东进"，是顺理成章的事。

为什么是先占领市场，后有"双总部"战略？张巧龙表示，市场在变，企业在变，动态的市场影响着企业的战略决策。

数据显示，2016 东进战略成效显著，华东、华中、北京区域的销售额较前一年大幅增长，高达 200% 以上，销售占比达到近 60%。

2017 年蓝光实现销售金额 581.52 亿元，同比大增 92.97%；华东和华中区域的销售额均超百亿元。全国布局初见成效。

到 2018 年，蓝光的房地产销售额中，华东区域贡献了相当的市场份额，约占 1/4。2019 年半年报则显示，有 3 个区域的房地产销售额破百亿，其中一个是华中区域，一个是华东区域。

中国蓝光呼之欲出。

抢占高地

作为蓝光的掌舵人，杨铿是"双总部"战略的总规划师和坚定不移的推行者。

2019 年 2 月 16 日，蓝光发展在集团总部召开了"2018 年年度总结暨 2019 年经营部署会"。杨铿在发言中强调："变是唯一的不变。蓝光要主动迎变。"

杨铿认为，"以变应变"和"以变迎变"的区别在于：应变是被动应对，迎变是主动出击。要做到"以变迎变"，就要具有新经济思维和逻辑。

他所理解的新经济有十个维度：新资本；新产品；法制化、市场化与稳健的战略理念；新商业；战略合作伙伴集群；合伙人机制；互联网化；平台化；从产品竞争到产业生态链竞争；新技术。

两个月之后，就传出了蓝光发展收购上海虹桥中心大楼的消息，当天即有媒体分析认为，蓝光会将这里作为上海总部。

在随后的时间里，围绕双总部的战略共识、搬迁规划、与员工的沟通等种种问题，一场又一场的会议在成都和上海轮番召开。蓝光发展首席行政官孟宏伟担任"双总部"筹备工作组联合执行组长。

说起上海总部的筹备工作,孟宏伟形容"事情多如牛毛",大到对"双总部"计划推进的严格管控、写字楼的装修,小到各类行政补贴、两地协同办公、员工的居住饮食交通的安排等,即使"耐着性子也要规划好"。

在公司的强力推进下,装修方案、智能设施加装方案和搬迁方案的部署和实施都在同步进行。从3月份开始启动,到8月底第一批员工入住,满打满算也不过5个月时间,要在这么短的时间内完成这一系列工程,的确是个艰巨的任务。

从开始装修到投入使用,蓝光一直三缄其口。直到9月20日,一切准备就绪,杨铿在上海虹桥中心揭开大幕的那一刻,这个答案才公开。

▲ 2019 年 9 月 20 日 8 时 30 分,蓝光发展上海总部入驻仪式

在上海虹桥世界中心举行

我们从蓝光发展设立"双总部"的战略共识和杨铿关于新经济十大维度的理解中，读取到几个关键词——人才、战略合作伙伴集群、平台化以及资本。

人才——在地方企业全国化的过程中，人才会成为发展的关键保障。

2019 年已经是蓝光进行全国布局的第七个年头。近年来，蓝光不断引进优秀人才，在人力部署上越发稳健。但是，在进入千亿征程之后，蓝光遇到了瓶颈。

"蓝光现在的规划是要思考未来如何走得更好。核心就是人才。现在在成都进行招聘和引进高端人才，受到了地域上的限制。而北上广，特别是上海，人才全面，且在金融、资本、品牌等方面都有优势。而让优秀的人才举家搬迁到成都难度会很大。"张巧龙如是说。

蓝光已经深刻意识到，要真正实现全国化，必须占领人才的高地。因此，蓝光这些年一直强调"人在事先，人才为王""有人才有天下"的理念。

在孟宏伟看来，"上海+成都"的双总部运行模式，能够更好地解决蓝光现阶段及未来发展对于优质人才的需求问题，也有利于全国化之路走得更加顺畅。

战略合作伙伴集群——另一个促使蓝光制定双总部战略的原因和行业有关。对蓝光来说，这是外延性的动力。

"优秀的企业几乎都在上海，企业间的业务沟通会非常方便。"张巧龙说。"一个好汉三个帮"，蓝光必须高度重视与全国化、全球化战略合作伙伴的关系。

平台化——企业实现从量变到质变，有时候就在于决策层的一念之间。

从蓝光地产到蓝光发展，企业性质发生了变化，也意味着企业对自己的定位的变化。蓝光发展就是在聚合与裂变中不断发生着"化学反应"，扩大产业领域，扩大区域版图。正如杨铿所说："大公司裂变成大平台，小公司聚变成大平台。"

资本——这应该是蓝光选择上海作为第二总部的一个相当重要的因素。在杨铿看来，资本创新以前所未有的方式，在新经济中发挥着重要的作用。

地产行业的金融属性很强，同时蓝光也在张开双臂，积极拥抱新经济。良好的业绩和具有前瞻性的策略，使蓝光在资本市场的融资能力显著增强。

2016 年，蓝光发展首次斩获"2016 中国房地产百强企业——融资能力 TOP 10"的殊荣，且高居第五。

蓝光发展的成功转型引起了资本市场的广泛关注，蓝光成为最具投资价值的沪深房地产公司之一。据统计，蓝光发展自从借壳上市后，已经通过信托、定向增发、融资担保等多种融资方式为企业获得逾百亿元的融资。

但蓝光并不满足于此。

熟谙金融市场法则的人都知道，区域性房企本身与全国性房企在资金实力上有很大差距，这直接导致其在融资渠道上无法与拥有资本市场融资便利的头部房企相比较。

正因如此，蓝光设立上海总部，是必须迈出的一步。

在杨铿看来，上海作为我国的经济中心和国际化大都市，充满了机遇，且开放、包容和公平并存，其优势得天独厚。随着经济全球化进程的加速，特别是新经济时代的持续发力，上海当仁不让地担纲起我国经济高速发展的重任，吸引了各大房企总部的迁入。

对蓝光来说，占领这个战略高地，既是最便捷的路，也是最具挑战的路。这条路才刚刚开始，如何整合和利用好上海的优势，依然任重道远。

蓝光选择迎接挑战。因此，杨铿在上海总部入驻仪式上的讲话，也侧面表达了蓝光愿与更多标杆房企同台竞技的决心和勇气，向市场展示了一个"进击的蓝光"。

"善谋者谋势，不善谋者谋子"，蓝光要做的是前者。

双总部起航

两个总部也有不同的定位。成都总部是综合总部，而上海总部是运营总部，包括对战略与品牌、财务与资本、投资与市场、人力资源等的运营。

"这是基于蓝光发展的实际需要进行的战略部署。"孟宏伟透露。

问题是，"双总部"时代，如何驱动蓝光高质量发展？

杨铿在入驻仪式上表示，上海总部启用后，蓝光将持续推动进化态势，并主要在四个方面去全力构建蓝光的核心势能和高竞争力。

第一，抢占战略及品牌高地，吸引一流人才，建设一流团队，塑造一流文化，打造一流品牌；

第二，抢占优势资源和产业高地，进一步进行优质市场选择，全力争取与更多优秀企业合作；

第三，抢占科创高地，持续升级产品研发创新和互联网、智能化新技术创新，构建更先进的科技推动能力；

第四，抢占资本及财务高地，进行高效率的资本运作，达成更大范围、更多渠道的金融合作，打造更优秀的财务资本引领能力。

可以看到，上海总部对蓝光来说意味着更多更大的投资机会、资本机会、人才机会。未来，蓝光发展的各个业务板块能走多远，更大程度取决于上海总部。

2019 年 9 月 23 日，是上海总部入驻仪式举行后的第三天，蓝光发展投资发展中心举办了以"合作・创新・共赢"为主题的"2019 年房地产行业投资交流会"。融信中国、华夏幸福、新力、卓越、中瑞恒基、东原、宋都集团、亿翰、天阳地产、红星美凯龙、华鸿嘉信等行业重量级企业代表齐聚一堂。

双总部的运行模式，对蓝光的投资而言，无疑是更高的起点。蓝光希望利用上海投资的高地优势，开启投资的新征程。

▲ 2019 年 9 月 20 日，蓝光发展上海总部正式启航

就像孟宏伟所说："上海作为中国特大级城市，固有的市场引领作用和核心价值都不容忽视。同时，上海已经是国际性的大都市，集信息高地、金融高地、人才高地、战略高地等地位于一身，是全国优秀企业瞩目的焦点。"

开弓没有回头箭，前进的蓝光没有休止符。

在形势更加严峻、竞争更为激烈的新阶段，蓝光不惧挑战，要想屹立于标杆房企之列，只有选择正面出击，积极迎战。

【手记】

不知是不是巧合，蓝光的很多重要时刻都和"9"有关。

蓝光地产前身成立于 1990 年，2019 年正好是她成立的第 29 个年头。在 2019 年 9 月 20 日，蓝光启动了上海总部，形成"上海+成都"的双总部格局。

距离蓝光"三十而立"的日子，越来越近。在这个时候，"双总部"运行，既是一个全新的里程碑，更是对蓝光 30 岁生日的最好献礼，是对其 30 年兢兢业业、不畏前路的奋斗历程的自我致敬。

如果说成都"龙头企业"蓝光，陪伴了一代成都人的成长，是成都人对生活的记忆和情感，那么，走向全国的蓝光，则担负了更重要的使命和责任。天地更宽，舞台更大，挑战也更令人斗志昂扬。

如今，蓝光的第一个 30 年即将过去。踏上新航程的蓝光，自然更加令人期待。

第五节 | 蓝光嘉宝：厉兵秣马，奔赴港股

【引子】

2015 年 4 月 16 日，随着一记响亮的鸣锣声，蓝光发展（600466.SH）正式登陆上交所主板，成为 A 股市场的一员。

2019 年 10 月 18 日上午 9 时 30 分，又是一声锣鸣，蓝光发展旗下的蓝光嘉宝服务（2606.HK）正式在港交所主板挂牌上市。

这是西部地区首家登陆港股的物业企业。这也是蓝光的又一次高光时刻。

10 月 19 日晚，在蓝光嘉宝服务的上市答谢宴上，蓝光控股集团董事局主席、蓝光发展董事长杨铿表示："一个好的企业，首先要自己努力，把企业做好；同时，还要有一颗感恩的心，感谢所有人在蓝光嘉宝服务上市过程中的付出。"

▲ 2019 年 10 月 19 日，杨铿出席蓝光嘉宝服务上市答谢宴

蓝光嘉宝服务董事长姚敏也强调，蓝光嘉宝服务将严格按照香港上市规则，不忘初心，牢记使命，在"新赛道"上做最好的自己，做时代的企业，回报股东、客户、合作伙伴以及政府和社会。

蓝光嘉宝服务 H 股的成功上市，的确来之不易。

从筹划转板港交所到正式敲钟，蓝光嘉宝用了不到两年的时间。回顾起来，这是一个让人难以忘怀的波澜起伏的过程。蓝光发展副总裁兼董事会秘书罗瑞华说："其中的酸甜苦辣，也许只有真正经历过的团队和人员才能感受到。"

战略考量，分拆上市

2018 年年初，蓝光发展确定了新的战略规划——分拆子公司蓝光嘉宝，到 H 股上市。目的很明确，就是要给飞速发展的嘉宝找一个更广阔的融资平台。

蓝光嘉宝急速发展的时代，是中国物业行业日趋成熟的时代。蓝光嘉宝的分拆上市，是这个时代的缩影。

2010 年以后，原本依附于房地产的物业服务行业逐渐开始探索独立发展的模式。一个市场从萌芽、发展，到成熟，必然要经历向头部企业聚拢的过程。

2018 年我国百强物业企业市场份额达 38.85%，综合实力前 10 的企业市场份额总和达 11.35%。对比北美物业龙头企业 First Service 独占北美市场份额 6% 的惊人数据，我国的物业行业还有极大的上升空间。

机会是巨大的，前景也是广阔的。根据"中国房地行业中长期发展动态模型"，并结合内外部宏观经济环境来看，预计到 2025 年基础物业服务的整体市场规模将达到 9 054.48 亿元，社区增值服务市场容量预计达 1.8 万亿元。

一边是资源向头部企业聚拢，市场被头部企业占领的"跑马圈地"，一边是即将来临的两个万亿级大市场的"黄金时代"，任何一家意图做大做强的物业企业，都将抢占规模作为第一要义。

在这样的背景下，物业企业能否上市，并获得资本市场的助力，在很大程度上意味着物业企业能否在角逐中占有一席之地。

事实上，蓝光嘉宝早在 2015 年就已在新三板上市，是西南地区首家成功挂牌新三板的现代服务业企业。"但作为国内多层次资本市场的补充，新三板的融资效率、资本运作效率，相对来说跟不上嘉宝的发展速度。"蓝光嘉宝服务副总裁兼董事会秘书陈振华说，"所以集团从整个战略层面考虑，认为应该给嘉宝找一个更好的融资平台。"

根据当时 A 股市场的相关规定，A 股上市公司的重要子公司不能分拆 A 股上市，也就是俗话所说的"大 A 不能拆小 A"。与此同时，内地已经有多家地产公司分拆物业公司登陆港股资本市场，且香港市场的投资者也逐渐在接受和认可物业这种资产。

在经过一系列的考量与论证后，蓝光确立了分拆嘉宝登陆 H 股的战略目标。

接下来，一系列的工作被安排在上市进程表上。这些工作基本可以划分为两个部分：一是从 A 股的母公司蓝光发展中分拆出子公司蓝光嘉宝；二是申请登陆港交所主板上市。

首先要从新三板市场摘牌。2018 年 7 月 26 日，挂牌约三年的嘉宝股份终止了在全国中小企业股份转让系统挂牌。蓝光发展表示：此次终止挂牌是根据嘉宝股份的业务发展及长期战略规划，并综合考虑其挂牌维护成本、后续资本、市场运作等因素所进行的调整。这个举动引发了外界的猜测：或许蓝光发展旗下的物业在未来会有新的上市计划。

的确如此，退市新三板真正拉开了蓝光嘉宝上市 H 股的序幕。2018 年 8 月 17 日，蓝光发展的股东大会审议通过了嘉宝股份在香港上市的相关议案。

蓝光嘉宝率先启动了上市进程。

鞠旅陈师，紧锣密鼓

在集团做出决策之后，蓝光嘉宝就紧锣密鼓地组建了 H 股上市的中介机构团队。

陈振华介绍，华泰金融控股（香港）有限公司为先期进入的保荐人，后期又有农银国际融资有限公司加入，形成双保荐人的格局。嘉宝聘请了在香港久负盛名的盛德律师事务所作为公司律师团队，同时聘请对规则把控非常严格的会计师事务所普华永道负责审计工作，聘请金杜香港、金杜北京作为承销商境内外律师。在顾问方面，嘉宝聘请了德勤（中国）作为内控顾问，中国指数研究院为行业顾问。这些知名的专业机构组成了强大的中介机构团队，为蓝光嘉宝 H 股上市服务。

2018 年 8 月，华泰金融首先进入蓝光嘉宝，负责前期的尽职调查工作。临近 11 月，农银国际加入了保荐人团队，进一步加强了这方面的力量，在两个月之内完成了所有的尽职调查、访谈等合规方面的工作。

而对嘉宝而言，上市就是"三军用命"。回顾那段时间，陈振华感慨道："基层的工作量非常大，业务部门也是在不影响业务的前提下，全体全力支持。这一年多，包括董办、财务、法务、物业运营部门等员工，为了完成工作，加班加点都是家常便饭，通宵的次数也已经数不过来了。很多重要的会议，经常是晚上 12 点之后还在开。嘉宝的运营部门配合中介机构团队整理了大量的文件，仅守法证明就开了3 000 多份。"

一系列准备工作完成之后，2018 年 12 月初，蓝光发展向中国证监会递交了分拆和境外上市申请。12 月 17 日，蓝光嘉宝拿到了"小路条"，并在第二天对外宣布：嘉宝股份计划首次公开发行 H 股，并于港交所主板上市，其提交的港交所上市行政许可申请已获得证监会的受理。

三个月不到的时间，"大路条"也如约而至。2019 年 2 月 28 日，嘉宝股份向港交所递交了上市申请。3 月 4 日，蓝光发展公告称，公司控股子公司四川蓝光嘉宝服务集团股份有限公司首次公开发行 H 股获得中国证监会核准。

3 月 5 日，在第十三届全国人民代表大会第二次会议的开幕会结束后，全国人大代表杨铿被媒体包围。对于蓝光未来的发展，他仅留下一句话："继续转型，坚定不移地转型。"

蓝光团队和中介机构团队的努力，让蓝光嘉宝上市之路的每一步，都镌刻在严格的时间表上，这基本确定了嘉宝能搭上 2019 年赴港上市的班车。蓝光离"A+H股"的梦想越来越近。

"基石"定音，水到渠成

2019年6月，嘉宝的上市工作重心落在了两件大事上：一是审核，二是发行。

在条件审核阶段，港交所要对嘉宝提交的所有资料进行审核问询，这需要嘉宝及时反馈，也需要律师、会计师等做一系列验证工作去支持这些反馈。虽然程序繁复，但嘉宝也推进得井井有条。2019年6月10日，蓝光嘉宝披露聆讯后资料集。

更艰难的是发行阶段。

香港资本市场的最大特点就是发行比审核更为重要，也更有难度。香港资本市场是面向全球的，不仅内地的企业，东南亚、欧美的一些企业也会去香港上市。投资人的选择范围非常宽广。这就需要嘉宝做好宣传，传递嘉宝的价值，去吸引投资人。

从2019年3月到9月，蓝光嘉宝团队拜访了包括我国香港、北京、上海、广州、深圳、杭州、成都等城市，以及新加坡、马来西亚等国的200多家投资机构。

罗瑞华将6月至9月寻找基石投资者的这三个月，称为启动上市进程以来最艰难的阶段。

"聆讯之后，到9月第一家基石协议签订之前，心里一直悬着。"罗瑞华说："历史性的时刻就是9月3日，理成（香港）资产管理有限公司签字的那一刻，第一份基石投资意向落实了。我现在都保存着当时签字之后他们发给我的图片，时间是下午6点11分。"

9 月 30 日，最后一家基石企业——深圳市招商国协贰号股权投资基金管理有限公司，也签订了基石协议，也是认购配售股份最大的一家企业。

"一头一尾两个投资企业非常重要。理成给了我们信心，而招商局资本在整个香港资本市场非常具有影响力。招商局资本内部高效率地完成了预审会、立项会、决策会等程序，对于嘉宝的认可是至关重要的。"陈振华说。

最终，深圳市招商国协贰号股权投资基金管理有限公司、龙元明城投资管理（上海）有限公司、苏州园林营造产业股份有限公司、理成（香港）资产管理有限公司、康力电梯股份有限公司、SensePower Management Limited 等 6 家大型企业，组成了蓝光嘉宝服务 IPO 基石投资者，一致同意认购相当于 603 182 812 港元投资金额的配售股份。

基石投资者的引进，实际上是对蓝光嘉宝在基本面、盈利模式和发展前景方面的肯定，它们也给市场其他投资者带来了很大的投资信心。

进入 10 月，路演工作接近尾声，一切水到渠成，只待市场的检验。

蓝光嘉宝于 10 月 8 日~10 月 11 日进行招股，原本配售方式是"国际配售90%，香港公开发行10%"。但没想到招股期间有超过 2 万余名投资者参与了项目认购，认购总量竟然覆盖原公开发行量的 52 倍，直接触发了香港股市回拨机制中的第二条：当散户认购总量达到或高于初始发行量的 50 倍但低于 100 倍的，将从国际配售部分向公开发售部分回拨，回拨后公开发售部分增加至总发行量的 40%。

　　因此蓝光嘉宝服务上市的股票配售方式经回拨之后调整为：国际配售 60%，香港公开发行 40%。

　　10 月 18 日，蓝光嘉宝服务（2606.HK）正式鸣锣登陆港股主板市场，此次发售总股数 4 935.37 万股（含超额配售），其中香港配售 1 716.65 万股，国际配售 3 218.72 万股，发售价每股 37.0 港元，募资总额 18.26 亿港元。

▲ 2019 年 10 月 18 日，蓝光嘉宝服务在港交所主板正式上市，蓝光发展"A+H 股"双资本平台启航，蓝光控股集团董事局主席、蓝光发展董事长杨铿与蓝光嘉宝服务董事长姚敏鸣锣港交所

　　此次上市，蓝光嘉宝服务创造了三个纪录：是所有上市物管企业中唯一接近高端定价的；香港公开发行 52 倍覆盖，创港股上市物管行业纪录；过去三年上市物管公司中，基石投资金额最高。

　　在此前披露的发行价格中，嘉宝的发行价区间为每股 30.60 ～ 39.00 港元，最终定价为每股 37.00 港元。

据罗瑞华介绍，"嘉宝的发行价其实可以定到区间最高位，但最终确定为每股37.00港元的股价，是因为我们愿意跟香港的资本市场投资人做一个善意的沟通，有一个好的合作开端。所以投行觉得我们公司很大气。这主要也是由于杨铿董事长大气，不拘于短期利益，更考虑长期的发展"。

嘉宝上市首日，开盘价为44.40港币，比发行价37.00港币高出20%，股价变化为39.65~46.50港币，国际资本市场对嘉宝的上市表示了强烈的信心。

顺利登陆香港资本市场，是蓝光嘉宝团队与中介机构团队1年多努力的成果。但蓝光嘉宝服务被国际投资机构、投资人看好，更是19年间，蓝光在物业行业不断纵横拓展、深化服务的结果。同时，可以预期，蓝光嘉宝服务在H股的成功上市，将对A股蓝光发展的表现产生积极的影响。

有媒体评价称，上市后，蓝光嘉宝外延式拓展规模将持续增长，物业管理规模有望持续提速扩张。嘉宝股份全国化布局稳步推进，品牌影响力扩大反哺地产母公司。此次嘉宝的成功上市，将有利于蓝光品牌的进一步提升，销售端将受益良多，从而促进蓝光发展维持其全国化的发展战略。

蓝光嘉宝面临的，是一个更加远大的前程。

全新平台，蓝图大展

从2000年成立到2019年正式登陆资本市场，19年间，蓝光嘉宝服务在行业中留下了诸多记忆点：

成功打造成都夜生活城市名片——玉林生活广场；成为四川省首家通过 CQC 的 ISO9001：2008、ISO14001 与 OHSAS18001 "三标一体化认证"的具有国家一级资质的物业服务企业；创建"生活家服务体系"；晋级 2019 中国物业服务百强企业第 11 位；至 2019 年 6 月 30 日，其签约建筑面积达到 7 869 万平方米，为超百万业主提供了服务；2019 年 10 月 18 日，其成为国内第 16 家、西部第 1 家在港股成功上市的物业服务企业。

亮眼的成绩单背后，是蓝光嘉宝服务一步一个脚印的坚定前行。

而凡是过去，皆为序章。站在资本市场新的开端，蓝光嘉宝将勇攀未来的高峰。

而募集资金为此提供了充足的"弹药"。在持续提升经营业绩、服务品质、管理水平的基础上，蓝光嘉宝服务将充分借助资本力量，持续拓展产业布局的深度和广度，打造国际化的先进服务品牌，实现更长久的可持续发展。

正如之前所言，登陆港股的最大作用将体现在蓝光嘉宝后续的规模扩张中。"约 77% 用于扩展物业管理服务业务规模及优化业务结构，约 5% 用于提升社区增值服务，8% 用于维护升级 IT 系统以加强智能化管理及数字化，10% 用作营运资金和一般公司用途。"这是蓝光嘉宝服务的资金使用规划。

截至 2019 年 6 月底，蓝光嘉宝服务已经进入全国 69 个城市，拥有 436 个在管项目及 48 个已签约管理但未交付项目。

上市之后，蓝光嘉宝服务将继续通过战略投资、合作、收并购等方式扩大企业规模，巩固其在中国西部地区的优势地位，并加速全国布局，重点提高在华东、华南、环渤海经济圈以及粤港澳大湾区的市场份额。

"现阶段规模为王，这是所有物业企业的共识。"陈振华直言。

对蓝光嘉宝而言，扩大规模只是一种应对市场的手段，归根结底，蓝光嘉宝的核心，还是向业主提供更优质的服务。智能化便是蓝光的着重发力点之一。

在当前智慧物联的大环境下，蓝光嘉宝服务不仅面向 C 端提升社区增值服务，同时面向 B 端输出智能解决方案服务，实现服务闭环。考虑到"跨区域、多业务、多项目"的特点，蓝光嘉宝服务利用大数据平台，打造了"管理驾驶舱""ECM 系统""单兵系统"及"智能巡检系统"等，构建了全国远程数据及视频监控指挥中心，极大地提升了管理效能。

2018 年，蓝光嘉宝服务借助阿里云物联网（IOT）、人工智能（AI）、大数据（BigData）等技术与生态能力，构建了专属的 AI+IOT 智能人居平台，并应用到服务和管理中。蓝光嘉宝服务以"公区智慧化"+"全屋智能化"的全场景联动、万物互联定义智慧社区，满足用户智慧生活所需，推动了智能化和互联网化的人居服务。

至 2019 年 6 月，蓝光嘉宝服务已为所辖区域内 196 个项目提供了智能化产品及配套服务，并在全国 6 个省会城市打造了嘉宝智慧社区标杆项目。

不断扩大的规模，循序渐进的智能化服务升级，借助 H 股资本市场的新能量，蓝光嘉宝在世人面前徐徐展开的，将是一个现代服务业集团的发展蓝图。

【手记】

产业资本+金融资本，是现代经济体系中产业发展的必然趋势，也是一个企业要做大做强的必然选择。

2019年10月蓝光嘉宝服务登陆港股资本市场后，已经有16家内地物业企业在港股上市。一个欣欣向荣的物业板块正在形成。

蓝光嘉宝服务顺势而为，蓝光再次踩中了时代的节点。

在地产迈入"存量"时代之时，物业管理行业迎来快速发展的新时期，作为轻资产的企业类型，物业公司开启了社区生态商业模式，物业行业也将日益获得资本市场的垂青。目前来看，大部分物业企业资本表现明显优于大盘走势，行业价值凸显。

每一家物业企业都将适应资本与规模循环影响的未来物业市场。蓝光嘉宝服务在上市H股之后，也将迎来新的变革与机遇。

无疑，这也是蓝光的机遇。所有老牌的和新生的物业企业，都将在这篇肥沃的土地上角逐，卷起阵阵黄沙。待尘埃落定，最后站立在这片土地上的，一定有蓝光的身影。

附录

人生无界　行者无疆

【引子】

2007年的一天，学法律的海归青年余驰站在成都街头，眺望着远处。街头灯火璀璨，车水马龙。

一个转身，余驰跨进了地产企业蓝光的大门。

对余驰而言，在蓝光任职的十三年（截至2019年），是富有激情和热血的岁月。从法务部的助理，到蓝光发展联席总裁兼首席运营官，不得不说，余驰走出了他自己的路。

有很多人问余驰：为什么是你？为什么是蓝光？

其实，这是偶然中的一种必然。

如果深刻剖析蓝光和余驰，不难发现，在这两者身上有一种共同的特殊基因——生来抗拒边界与束缚以及对破壁的持续性热情。换句话说，就是敢挑战，不畏难。

在挣脱束缚、打破边界这点上，余驰和蓝光出奇一致地踩中了同一个频率。

余驰的边界

余驰来的时候，蓝光已经在路上走了很久了。

2007年，余驰从《华西都市报》的一个招聘版面上看到了蓝光的招聘启事。对一个法学专业的留学生来说，房地产是个完全陌生的领域。此时的余驰，只是凭着对人生不设限的本能做出了选择，却未预料到自己在未来会成为一名地产企业的管理者。

初到蓝光，余驰要走的路并不容易。

"当时我在法务部，从最基层做起，因为留学的原因，那个时候还没有拿到律师执照，走得特别难。"但余驰没有望而却步。"那个过程非常重要，把那年扛过来，对公司就有很深入的认识了。"

而这种一边"硬撑"一边前进的过程，正是余驰最认可的状态。"最健康的状态是什么？其实就是你随时感觉有点饿，随时感觉有点冷，饥寒交迫才是最佳状态。"

三言两语之间，余驰不安于平淡的性格就已显现。

他也碰过壁。在来蓝光之前，余驰在成都一家媒体做过一段时间的记者。然而，一篇在蹲点了两天才完成的稿子，在被告知"虽然内容很好，但不能刊发"之后，他再也无法忍受，当即提出了辞职。

在他人看来，这是余驰的少年脾气。但事实上，真正让余驰离开的原因，是传统媒体行业的规则限制了他人生的可能性。

激情往往是看不见的，能看见的早已归于平淡。

与之前的工作形成对比的是，余驰从踏入蓝光起就再也没有产生过离开的想法。因为他再也没有和他所厌恶的"死板""规则"一类词汇碰过面。在蓝光，没有"限制"的压力，只有开放和向上的推力，没有你想做不能做的，只有你想做做不好的。

余驰要走的是一条不断攀登的路，而蓝光，就是那条适合他的路。

2011 年，是余驰进入蓝光之后的第一次大转折点。

这一年，他离开了蓝光的法务部，被任命为集团董事办秘书。这是一份让人艳羡也难免令人志忑的工作。但这并不影响他的努力，反倒激发出了他全力以赴的劲头。

这种善思进取的特质，恰恰是蓝光最看重的。在董事长身边，余驰学到了很多企业管理的精髓，格局和眼界也有了巨大的提升。加上余驰本身勤勉，很快，他就晋升为管理层中的一员。

此后，余驰不断被提拔，先后担任四川蓝光和骏实业有限公司招标采购中心总经理、成都公司总经理、成都区域董事总经理、投资副总裁、董事兼常务副总裁、蓝光发展第七届董事会董事、联席总裁兼首席运营官。

余驰认识到平台的重要性。他说："我就是公司的员工之一。没有所谓事业有成，不是什么高级人才、成功人士。我仅仅是在公司给予的平台上伴随公司一同成长而已。"

这个平台的确给了他不断突破人生边界的可能。在蓝光的这些年，余驰多次调整岗位，在不同的部门和环境中任职。每一次都是挑战，每一次都必须突破边界，走向下一个目标。

在余驰看来，人生的可能性是无止境的，而无止境就意味着永远没有最后的目标。"我的理念是从不给自己定很具象的目标，我只会给自己一个方向，然后走下去。"

　　而余驰给自己定的方向，也印证了他的人生理念："这个世界上有97%的人不知道他自己是知道还是不知道，仅有3%的人知道他自己是不是真的知道。能够进入这3%里面，就已经很难了。"

　　这些事情说起来容易，要做起来却需要很大的毅力。"我会强迫自己看管理类的书，帮助自己获得一种能力，去分辨哪些东西是应该沉淀下来的。总之就是要想尽一切办法进步，不能总是被牵着鼻子走。"

　　《思维简史》是余驰时常翻阅的书籍之一。"它能帮助我更好地理解管理，理解许多公司内部的运营原理。听上去，它似乎和商业没有太大关系，但它触及的，其实是更为深层和具有普遍适用性的法则，它会引领我剥开表象，窥探果实的生长轨迹。"

　　现在的余驰，对边界探索也更加频繁。事实上，在余驰看来，当人走到一定节点之后，工作也会倒逼你去探索，甚至成为常态。"为了把事情做成，必须接受一些知识，而这些都会成为你的沉淀，久而久之这种常态化的方法就会形成一种技能。"

　　对余驰而言，他的目光和重心，永远都在下一件事上。

蓝光的边界

　　对于蓝光，余驰有着与众不同的认知。"就如同一个圆形和一个方形的关系。方在圆的里面，是底线是规则，方的外围是可以融合的空间。中间的方越小，外围的圆越大，则企业的发展空间就会越大，这是一个内外边界双重开拓的结果。企业多元化以后，它的包容力会更强，因为内部凝聚的能量决定了它的受力值，往往越包容越能激发活力，这也是优秀企业的共性之一。"

蓝光正是如此。

30 年来，蓝光从来没有停止过对人才梯队的搭建，企业每走一步，都会探索与之相应的人才搭建体系。

"10 年前，蓝光人全是自己培养的。当企业规模较小时，自己培养的员工很忠诚，文化融入程度高，执行力强。但这些人才并不能给公司在跨越式发展过程中提供足够的支撑。"余驰说，"这个时候就需要外部人才带来新的理念、新的眼界、新的资源。而对于这些人，则不能仅仅用传统的执行力、忠诚度和文化融入度来定义，他们带来的很多东西和我们看到的东西是不一样的。今天的蓝光，已经是一个全国化、多元化布局的企业，大量优秀人才的加入，也是企业继续成长的保证。"

从企业创办之初，创始人杨铿就坚持把蓝光打造成一个纯粹的企业，而这份纯粹恰恰是为了让蓝光更好地探索边界。在蓝光，没有山头主义，没有小团体主义，没有复杂的人际关系，一切均以业绩为导向。如此纯粹的内部环境，在当今的企业群体中并不多见。

也正是如此，才保证了一代代蓝光人的工作热情，这也是蓝光"尐所未变"的核心精神。"这一点是最显著的，也是企业能够持续良性发展的内在驱动因素。在众多变化中，这点反而是最重要、最有意思的。"

余驰所总结的，正是蓝光保持"蓝光初心"持续向前的动力源泉，也是蓝光能不断吸收人才，增加新鲜血液的内在机制。归根结底，一切行业的竞争都是人与人的竞争。

　　紧跟时代，蓝光的人才正在逐渐年轻化，很多区域总裁刚刚过30岁，这既是蓝光内部管理层人群的一个巨大转变，也是当下人才发展的主要趋势。此次蓝光深化"东进"，启动上海总部，并重点打造人力资源部门，同样是因为对人才的渴求。

　　这背后，是蓝光用成绩说话的管理方式，也是蓝光积极拥抱变化、调整思路的结果。在各行各业竞争日趋激烈的今天，人才的竞争也愈发激烈，能率先一步抢下人才的企业，很大程度上就等于掌握了未来的话语权。很早就意识到这一点的蓝光，无疑已经走在了很多企业的前面。

　　引进人才、运用人才，是蓝光持续进化的主要原因。而当下，优秀的职业经理人则是人才中的重中之重。这类人不能用简简单单的工作和薪资去定义，他们所传导的价值不仅仅在于对业绩的推动，更多的是一种对专业精神的引领和对社会责任的担当。这其中暗含的是，职业经理人不仅要能力出众，同时也要有高于常人的精神觉悟。

　　余驰说："成为企业家是职业经理人的奋斗目标，所有职业经理人都需要按照企业家的标准来要求自己。只有这样才能够成为一个优秀的职业经理人，同时还有机会成为企业家。"

　　正如蓝光的八字箴言：以德立信，以能致胜。

　　蓝光不仅在人才引进方面持续发力，也始终没有放弃对内部优秀人才的培养。"公司会对每个管理岗位提出两个基本要求：第一是管理者在本职岗位上要做得很优秀；第二是管理者如果想要升职，必须先培养出一个能'干掉'他的人。这也是我们对整个管理层的期望。我最希望看到的是管理者把工作安排得特别好，每次带着团队来，不断有人才涌现出来，这就是一个好的管理者和好的团队。"

中国的房地产行业已经走过了30余年，而四川境内也曾涌现出很多地产企业。但从今天来看，像蓝光这样蓬勃向上的企业已不多见。"其实蓝光的发展，就是从创业到规范再到现代化，并不断微创新、微进化的一个过程。从企业到人才，从业绩到规模，这些步骤一旦不统一，企业就会出问题。很多企业就是死在了这个过程中。蓝光能走到今天，正是因为它每走一步都在进化自己。"

从对管理人才的培养到对人才战略的升级，再到组织架构的变革，蓝光30年来不断向外打破边界，背后正是这种对自身的持续强化在支撑着。从汽配厂向未知的房地产行业探索，从商业地产向住宅地产过渡，从嘉宝物业的智能服务到医疗生物对人类生命质量的挺进……蓝光每次发光，都是进化的结果。

对现在的蓝光而言，需要的是持续的高质量的增长。什么是高质量？中而强，稳健前行，利润与规模并重。"将总部放在上海是经过深思熟虑的。上海是战略高地、人才高地、资源高地、金融高地、行业合作高地，所以我们把能够提升价值的职能部门放在了上海，未来肯定会产生翻倍的效果。"这是蓝光冲击新目标的又一次发力。

蓝光更多的成功还会有，但无论如何，蓝光向前的步伐永不会停息。

余驰亦然。

【手记】

宋代王安石曾在他的《游褒禅山记》中写道："拥火以入，入之愈深，其进愈难，而其见愈奇。"

这句话，同样适用于余驰。

在蓝光，余驰亲历了推动一家优秀地产企业发展的宏大工程，也从这个过程中蜕变出了不一样的自己。作为企业的高层管理者之一，企业家精神是必需的品质。谈及此处，余驰保持着他一向乐观的态度，说："我正在学习的过程中。"

不管别人怎么看，对余驰而言，新征程才刚刚开始。与以往不同的是，他已经具备了更高的格局和眼光，以及更高的自我要求。很多从前一直在做的事情，现在依然在坚持，不过，同样一件事，当站的高度不同时，收获也是不一样的。

余驰最近看的一本书叫《草与禾》。表面上，这是一本讲历史的书，但余驰在这本书中看到的却是企业的组织变革。"如果把历史拔高了看，整个中国的历史就是草原文化和农耕文化交锋的过程。中国历代王朝其实都在做同一件事情——完善国家的组织架构。以史为镜，大道至简，这里面很多东西和经营企业是相通的。"

虽然这只是一段简短的认知阐述，但在这段话的背后，我们仿佛看见余驰平静的眼睛下，那个风起云涌的未来。

山高人为峰，未来当可期。

【余驰简介】

余驰（左图），1982年出生。现任蓝光发展联席总裁兼首席运营官。

韩国国际法律经营大学硕士研究生学历，注册执业律师。历任四川蓝光和骏实业有限公司招标采购中心总经理、成都公司总经理、成都区域董事总经理、投资副总裁、董事兼常务副总裁。现任蓝光发展第七届董事会董事、联席总裁兼首席运营官。

余驰以超强的执行力、精准的投资思维和扎实的业务能力著称。他坚持"聚焦高价值区域投资、聚焦改善型住宅产品"，推动完成蓝光全国化布局，深耕都市圈轮动区域上的价值洼地。他把握中国城市化进程，紧扣房地产行业的市场趋势，获取投资过程中的城市红利。他信奉产品品质和服务质量，通过"创造客户价值、提升客户满意度"，塑造产品品牌形象，打造企业核心竞争力。他和蓝光团队，坚持利润和规模并重的理念，实现高质量增长，成就中国优秀的上市公司。

张弛有度　经纬无边

【引子】

吉姆·柯林斯的《从优秀到卓越》，是张巧龙时常与人谈起的书。书中介绍的由实践方式沉淀总结下来的科学方法论，让他受益匪浅。

书中的"飞轮理论"让张巧龙印象深刻。这个理论认为，企业一旦被坚定的目标和正确的决策所驱动，就会朝着一个方向旋转起来，永不停歇。

一个企业走过了起伏跌宕的三十年，一个人走过了他职业生涯中荆棘与辉煌并行的十三年，张巧龙在蓝光找到了自己的个人价值与职业信仰。

行业环境越复杂，越考验领导者的谋略。有别于从前，眼下的张巧龙则更加注重张弛有度的工作节奏以及收放自如的工作规划。

同时，"中而强，稳健前行，利润与规模并重，实现高质量增长"的战略规划，使得蓝光布局全国的步伐更加从容，也让蓝光跨入了一个经纬无边的广阔世界。只有紧随时局，张弛有度地前行，才能真正做到与时俱进。

打破边界　开拓新局

2006 年，张巧龙拿着一份招聘广告走进成都高新西区西芯大道的蓝光集团。他很羡慕这里的氛围：以业绩为导向，一切凭本事说话。

毕业于西南石油学院（现西南石油大学）的张巧龙，是全国注册监理工程师和全国注册一级建造师。在加入蓝光前，他曾先后就职于广元建筑规划勘测设计院、四川省城市建设监理有限公司、四川鼎鑫置业有限公司。

彼时的蓝光，已经是西南地区第一商业地产品牌，住宅地产的战略转型正如火如荼，一路高歌猛进。工程师出身的张巧龙，拥有过硬的专业技术，在建筑行业积攒了不少实战经验，同时对于房地产行业未来的发展也有着自己的理解与期待。

选择蓝光似乎是张巧龙命中注定的。对蓝光来说，选择张巧龙，也昭示了其骨子里任人唯贤的企业文化。然而双方都未曾预料到，这个曾对房地产行业心怀憧憬的年轻人，未来会成为蓝光发展史上成长最快的职业经理人之一。

进入蓝光任职后，张巧龙以很快的速度从技术工程师成长为项目主管，再到副经理、总经理，逐步走上了蓝光的管理岗位。

一路晋升与他个人的努力与追求密不可分，也得益于公司给予员工的开放的成长环境。一直以来，蓝光都鼓励年轻人"冒头"，欢迎一切合规的"不安分"，"只要你有意愿往前走，公司就会给你机会。"

2011 年，对蓝光来说是蓄势待发的一年。这艘代表四川本土房地产开发商第一品牌的巨轮，即将拨开云雾向着远方全新的目标扬帆起航。上市计划提上日程、"千亿计划"的制订、企业内部组织结构的变革等，都标志着蓝光走出四川、布局全国的决心。

当时，张巧龙一直作为冲锋陷阵的一员，战斗在蓝光的项目一线，奔波在尘土飞扬的工地上，来往于各个城市的土地规划部门。

"那时候的工作节奏就像打仗一样，根本无暇顾及其他，一门心思向前冲。作为一线人员，对于大本营战略方向的调整并没有多么强烈的感觉。"张巧龙说，"只知道在之后的几年里，我和团队始终坚守着蓝光定下的开盘、盈利等目标，迎难而上，总部的旗帜插到哪里，我们就打到哪里。这是一个顶呱呱的团队。"

彼时的张巧龙，刚调任昆明区域总经理。他趴在项目工地的围墙上，透过弥漫的尘烟往下看，"好小的一块地"。他当下就意识到，自己的责任不仅仅是把现在的项目做好，更重要的是尽快再拿到一块地。

第二天，张巧龙就开始物色新的项目，在政府领导的推荐下，选中了一块地。

然而事情并非一帆风顺。出于资金问题，集团对是否拿下这块地一直犹豫不决。就在拍卖的前一晚，公司还是否定了这个新项目。

但张巧龙和团队直到最后一刻也不愿放弃，凭借敏锐的判断力，他确信这个项目会给公司带来更大的收益。这个从零开始组建的团队，终于凭着执着和坚决打动了集团。就在拍卖前的一个多小时，集团才决定参加拍卖，并最终将这块土地收入囊中。

事实证明张巧龙的判断是准确的，这块土地最终成为昆明著名的COCO蜜城。

凭借着不凡的能力与魄力，张巧龙在昆明一战成名，崭露头角，在"以结果为导向"的蓝光管理模式下成功脱颖而出。

2011年起，张巧龙先后任重庆和骏置业有限公司总经理、四川蓝光和骏实业有限公司重庆区域兼昆明区域董事长、四川蓝光和骏实业有限公司经营副总裁、常务副总裁、总裁，奔忙于昆明、重庆、长沙、武汉等地区。这股一往无前的冲劲，无形之中与蓝光进行全国布局的战略步伐相契合。

长期的实战历练，塑造了张巧龙果敢坚毅的性格、沉稳熟练的战略把控能力和团队管理能力。

2015年，张巧龙回到成都蓝光总部。2017年4月，张巧龙正式接任蓝光发展总裁的职务。

41岁的他入围了由新浪财经、乐居控股、中房研协、《上海证券报》、《中国企业家》五家权威媒体和机构联合主办的"中国十大地产年度CEO"首轮评选，受到业界瞩目。

上任第一天，蓝光创始人杨铿为他题了一幅字——《向前方》，他将这幅字装裱起来，挂在了办公室的墙上。三个字言简意赅，铿锵有力，代表了杨铿对他职业生涯新起点的期盼，同时也成为整个蓝光企业未来发展的方向。

从蓝光地产"区域总"到上市公司"蓝光发展总裁"，张巧龙花了六年完成了角色的转变。这六年间，他用自己的决策力与创造力突破了重重壁垒，打破了重重界限。

"我从最开始就没有把自己仅仅定义为技术人员。房地产行业的专业技术人员与管理者，其实从职能上是无法割裂的。在蓝光的每个岗位上，管理职能都是不可或缺的。"

做一名具备高级素养的职业经理人，是张巧龙进入蓝光时就立下的终极目标。2018 年 7 月，他被任命为蓝光发展副董事长兼首席执行官，再次开启全新的征程。

当很多人对他高速的成长经历充满好奇时，张巧龙则认为所有的进步都不是一蹴而就的，而是一个循序渐进的过程。一路走来，仿佛有一股无形的力量牵引着他去突破自我边界，开创未来。

张弛有度　刚柔兼济

在许多蓝光人眼中，雷厉风行、果敢坚毅早已成为张巧龙工作方式的标签。丰富的实战经验练就了张巧龙重考核、重执行的狼性管理风格。

工作中的张巧龙，像一张满弓，随时都有箭在弦上的紧迫感，以及一往无前的拼搏精神。

"我希望我们永远都要做出来了再去说，而不是说了再去做。"

业内人士认为，张巧龙出色的业绩能力以及果决的行事风格，给他带来了远超同龄人的成绩。然而在那一张张数据堆积的成绩单背后，是张巧龙张弛有度的"职业经"，是赋予他能够从容应对任何一种境况的成熟的职业素养。

面对巨大的工作压力，毫无章法地拼命向前追赶，往往只会适得其反，欲速则不达。对企业发展来说，执行上毫厘的偏差与判断上丝毫的失误，都有可能造成巨大的损失。对于这一点张巧龙深得其法，因此他总是习惯在紧张与松弛之间寻找一个"着力点"，以便厚积薄发，一击即中。

"一个人的精力是有限的，如何保持旺盛的精力，需要找到一个可以支撑、平衡的杠杆。"

作为领导者，张巧龙始终认为需要在工作和生活之间找到适度的节奏，才有能力引领团队向更积极的方向发展。

张巧龙的会议室里，除了管理书籍之外，最为突出的就是一台跑步机。持之以恒的阅读习惯以及坚持不懈的运动习惯，是张巧龙伏案工作之余锻炼身心的方式。

张巧龙能在生活与工作之间找到平衡，得益于杨铿董事长的潜移默化。这位企业的掌舵人，一直保持着乐观开放的心态，具有坚定且敏锐的战略眼光，以及勤勉自律的生活与工作习惯。

"你永远无法用一个词形容他（杨铿）是怎样一个人。从他的身上你可以看到一个拥有大智慧的企业家所需要的好品格——勤勉、自律、开放、敏锐。"

坚持阅读与运动，练就了张巧龙海纳百川的包容之心。这样开放的思维模式，对于求贤若渴的管理者来说尤为重要。

张巧龙深知企业要打破发展的边界，只有用更加积极的姿态去接纳新鲜的血液，不断充实自身，聚沙成塔，才能建立具有持久创新力与执行力的团队。

在蓝光多年的企业架构中，人才资源居于非常重要的地位。蓝光的"双满意"原则——"客户满意是我们的第一目标，尊重和关心员工的利益"，于2002年开始正式推行。这为蓝光之后的战略规划以及内部人才管理奠定了强有力的基础。

蓝光十分重视人才的培养。每年校招，CEO与联席总裁都会亲自面试，选择最适合蓝光发展的优秀人才。

年轻化在如今大多数的行业中，都成为不可逆转的趋势。不同于过去拜师学艺的传统模式，新时代的年轻人更崇尚自我提升和学习的方式，对自己的要求和目标更为明确。

在张巧龙的人才管理理念中，年龄从来都是相对的概念。他说："有些人五六十岁还很有冲劲，有些人二三十岁就已经停止了奋斗，这跟人的追求和心态有关系。"

作为行业中年轻 CEO 的代表，张巧龙一直是"不问出身、广纳贤士"的理念的践行者。他从容淡定，谦和有礼的谈吐之下，隐藏着运筹帷幄、未雨绸缪的敏锐。他的管理方式，透露出蓝光企业文化以柔克刚的韧劲，以及拥抱新事物、紧跟时代潮流的姿态。

不受界限的束缚，掌握自己的节奏，探寻经纬的边界。个人与企业文化之间的兼容与共同成长，成就了今天的张巧龙，也显示了蓝光发展历程的脉络。

追求卓越 经纬无边

如今，杨铿将宏观政策调控下的房地产行业比喻为在川藏线上行进，而不再是曾经的"高速公路"。开车太快可能随时冲出悬崖峭壁，此时更需要企业拥有更精准的判断力与更高效的执行力。

亦急亦缓、张弛有度、稳中制胜，是蓝光这台飞轮在驶向未来过程中必然的节奏。

从高速发展的住宅地产时代，进入产品精细化的"白银"时代，再到如今的多维度发展阶段，跟随行业和市场的变化趋势，蓝光也在积极进行转型，为下一步的战略规划积蓄能量。

企业要扩大，除了自身产品的不断升级，必然还要在原有的产业基础上，将触角伸向更远的地方，拥抱更大的机遇和挑战。蓝光一方面保持着基础产业的发展，另一方面开始探索资本、金融以及科技等全新领域。

做了13年的蓝光人，张巧龙的个人成长之路就是一部不断探寻自身发展潜力的奋进史。如今对房地产这个行业，张巧龙仍然抱有极大的热情与期待。他说："这是个生机蓬勃的市场，在这里会衍生出无数的可能性。"

毫无疑问，对蓝光而言，远方仍然有太多的未知等待着它去探寻。

在张巧龙回到蓝光总部的第二年，他通过收并购、股权合作等多种模式，将蓝光的储备土地资源大大增加，使销售金额从2015年的183.7亿元上升到339.1亿元。克而瑞数据显示，全国百强房企销售排名中，蓝光地产从第53位上升到第39位。

同时公司也把蓝光发展的目光，投向了长三角、珠三角和京津冀市场。2017年，在"1+3+N"战略指导下，蓝光再次以超强的执行力超额实现了既定的"东进"目标。张巧龙在"2017年博鳌房地产论坛"上，公开表示长三角城市群对蓝光未来的发展规划具有十分重要的地位。

"作为职业经理人，自我定位很重要，要知道每个阶段企业的需求和你在自己的职位上能为企业做些什么。"

2015—2018年，蓝光发展的3年复合增长率更是达到了67.2%。在正确的战略指引下，蓝光走在一条高质量发展的道路上，且有着引领时代、追求无限可能的魄力。而企业的发展，也促使张巧龙不断拓宽作为管理者的认知的高度和宽度。

2019 年年初，蓝光"双总部"计划被提上日程。9 月 20 日，在蓝光上海总部入驻仪式上，杨铿提出，要从人才、资源、科创、资本财务四个方面全力推进，构建蓝光的核心竞争力。

位于蓝光发展上海总部文化中心的一组精工机械的艺术装置上，3个分别代表了"产业推动""财务资本化推动""科技推动"的齿轮紧密相扣，似乎也在印证张巧龙所信奉的"飞轮理论"。

时代正将蓝光推进一个新的维度，而此时的张巧龙站在上海总部楼顶的露台极目远眺，感慨自己再次见证了蓝光的新征程。虽然在未来还有更多的挑战，但张巧龙依然强调，蓝光会坚决推进战略落地执行，去争取更大的突破，砥砺前行。

【手记】

2019 年年初，在蓝光发展"2018 年年度总结暨 2019 年经营部署会"上，张巧龙发表了题为《苦干 2019》的主题报告。

这一主题源于他看过的一部名为《苦干》的奥斯卡获奖纪录片。影片讲述美国记者雷伊·斯科特在美籍华人李灵爱女士的策划和资助下，历时 4 年，走访了 1937 年到 1949 年期间中国的抗战大后方，记录了当时中国人民的生活景象。

中国人民在战乱流离中，直面强敌的从容不迫与坚韧强大的内心，令张巧龙颇为动容。

2019 年市场的"寒冬现象"让人惶惶不安。房地产行业中始终充斥着质疑和迷茫。而张巧龙则认为只要抱有信念、熬过寒冬，终会迎来春暖花开。

"走过 29 年，2019 年将是蓝光成就优秀、追求卓越最关键的一年。苦干，不是蛮干，而是围绕战略讲战术；苦干，是少纠结多实干，用数字说话，用结果说话；苦干，是一种决心，用智慧、坚韧、创新突破，刻苦地奋斗，创造优秀的 2019。"

在激烈的市场竞争下一路高歌，在宏观调控下张弛有度、进退自如，蓝光 30 年的发展历程，最不缺的就是砥砺奋进的韧性与决心。一路走来，蓝光在时代潮流中顺势而为，也摸索着时代的脉络破浪前行，为探寻更广阔的未知边界不断迈进。

【张巧龙简介】

张巧龙（左图），1975 年生。现任蓝光发展第七届董事会副董事长。

张巧龙毕业于西南石油学院（现西南石油大学）工业与民用建筑专业，全国注册监理工程师、全国注册一级建造师。2011 年起，历任重庆和骏有限公司总经理，四川蓝光和骏实业有限公司重庆区域兼昆明区域董事长，四川蓝光和骏实业有限公司经营副总裁、常务副总裁、总裁，蓝光发展副董事长兼总裁，蓝光发展副董事长。

张巧龙素以雷厉风行和强考核、重执行的管理风格著称。在他的努力下，蓝光发展业务突飞猛进，成功推出如芙蓉系、雍锦系等改善型产品品牌；重视人才团队建设，引进了众多业内知名人才夯实管理基础；牢牢抓住房地产市场转型趋势，聚焦高价值区域投资、聚焦改善型住宅产品，做大做强公司核心地产业务，推动蓝光全国化布局。

铿锵向前　本色浪漫

【引子】

2019年10月23日，在蓝光发展上海总部，蓝光控股集团董事局主席、蓝光发展董事长杨铿接受了一场专访，畅谈三十年创业历程。

一个多月前的9月20日，蓝光发展正式入驻上海虹桥世界中心新总部，形成"上海+成都"双总部发展格局。

上海虹桥世界中心毗邻国家会展中心，这组建筑犹如一朵盛开的鲜花，寓意"心心相映，欣欣向荣"。蓝光发展上海总部又处于这组花瓣的核心区域，如同它的花蕊。

汇川入海——从成都到上海，这是杨铿和蓝光三十年来的创业轨迹。而这背后，是三十年来，中国改革开放和市场经济波澜壮阔的历程。

三十而立，对于一个男人而言，通常被看作人生的重要界标；对于一家企业和一位企业家而言，则意味着穿越这场国运崛起、社会变迁、市场兴盛、产业成长的伟大历程，意味着趟过了浩浩荡荡的时代洪流。

的确，蓝光生于时代，长于时代。杨铿亦然。透过这场特别的访谈，能看到这个时代的蓝光与这个时代的杨铿，以及一个企业和创业者背后的时代。

创业者
"阳光大道你不走，非要去干个体户"

世间故事，皆有影子。今日山呼海啸的力量，其实早就埋在时光源头。

1989 年，成都。

一个年轻人在车间被钢花四溅的情景所震撼。高温淬炼的蓝色火焰，点燃了他实业报国的理想。不久，这个年轻人就创立了蓝光控股集团的前身——成都市西城区兰光汽车零配件厂，他就是杨铿。

当时，工厂还是很多人可望而不可求的"铁饭碗"，亲历过那段岁月的人，都对集体有着特殊依赖。那些年，"大锅饭"中烩进了人生百味，一个集体容纳了一群人的喜怒哀乐，都市的故事也还未分层。

杨铿在他人艳羡的目光里，端稳了自己的"铁饭碗"，又从他人不解的目光中扔下"铁饭碗"，转而成为那个时代"吃螃蟹的人"——辞职创业。

【Q&A】

问：在创立蓝光之前，您应该也有不一样的经历吧？

答：其实我以前是搞技术的。大学毕业以后，我在一家国有企业任职。

我从小体育成绩就很好。当时，国有工厂里经常搞比赛，只要我一参加，就会拿多个比赛项目的第一名，比如说跳高、跳远和短跑。

我也喜欢文学，竹笛吹得非常好。因为这些才艺，我被工会看中，所以我在工会短暂待过一段时间。但我不想留在工会，还是想回到车间。因为我觉得，车间虽然苦一些、累一些，但更有激情。

回到车间之后，我也很得企业的赏识，直接被任命为工段长。接下来担任了车间主任，直到集团技术开发部主任。这段经历在我看来非常重要，让我积累了对新产品和市场的敏锐性。

问：蓝光创立初期，为什么要选择汽车零配件行业？

答：1989年10月，我正式创立公司，刚开始不是做房地产，而是做汽车配件。我是车间工人出身，也管过技术，对工程机械和汽车零配件有很深的认识，基本上看一眼就不忘。当时听说我要创业，好几个高级工程师都愿意跟着我干。我们选择做气缸套，攻克了很大的技术难关，也申请了国家专利，很快就做出了最畅销的气缸套。

当然，现在讲起来很轻松，但事实上当初每一步都走得很艰难。

问：气缸套是种什么样的技术？在当时有什么市场前景？

答：汽车发动机就如同人的心脏，也需要"蹦蹦跳"。汽油进入发动机以后，通过化油器气化，然后点火爆炸。爆炸会推动活塞做运动，化学能就通过燃烧变为机械能，机械能通过变速箱传递到汽车的后牙包，牙包再分散到两个半轴。本身横向的运动，通过变速箱变成了纵向运动，然后汽车就可以行驶。

气缸套是干什么的呢？它是汽车发动机缸体内部和活塞的接触面，最容易磨损，磨损以后发动机就不能用了。取掉原来磨损的旧气缸套，把我们生产的新气缸套放进去，旧的发动机就变成全新的发动机了。

之所以选择汽配行业，是基于经济形势做的一个研判。当时，中国汽车行业正在兴起，我预感到汽配行业将会有巨大的市场。后来事实证明，我当初的判断是非常正确的，正是这样的选择，为后来蓝光转战房地产行业奠定了根基。

问：那应该是一段激情澎湃但也非常辛苦的岁月吧？

答：辛苦是肯定的，没有任何一种创业是轻松的，但更多是一种不断奔跑的激情使然。那段岁月，我有七八年没有休息过星期天。结婚是在国庆节那天，也没有请一小时假。客人都到了，我还在车间里。

一般来说，我早晨五点半起来跑步。六点半左右从家里骑自行车去工厂，路上需要五十五分钟左右。每天都这样，八点钟以前肯定在车间里。

问：创业之初，您有没有设想过一个目标，比如说要做百年老店？

答：刚开始创业时，没想这么多。我是那种不愿讲大话的人。当然把事情做好、把公司做大的情怀，是始终都有的。

当时的情况，也不允许我做太多的展望。今天的民营企业，当时叫什么？叫个体户。我还记得当初辞职时，老领导跟我说：阳光大道你不走，非要去干个体户。

问：后来为什么选择做房地产？这中间发生了什么？

答：转战房地产不是无的放矢。其实在做房地产之前，我参与筹划了"西南综合贸易市场"项目。当时专业人才稀缺，所以调查报告、策划案等，全部是我自己摸索着写的。这个经历让我对当时的中国房地产有了一个全面的认识。

那时房地产市场化刚刚在提，还没有真正启动。全国城市人口只有2亿，未来还会持续增长，房产必定要走出分配的道路。我是学财经专业的，对市场本身就非常敏感，觉得这是个巨大的市场。加上我在为公司寻找更好的出路，所以看准了之后，就果断进入房地产。

问：2008 年蓝光开始走出四川，布局全国，这是出于什么样的考虑？

答：有两个主要因素：第一是地震，第二是奥运会。奥运会让人眼界更开阔，地震让人悲痛，也产生了危机感。产品投资全部集中在一个地方，风险是很大的，所以我们决定走向全国并筹备上市。

从企业发展的角度来看，这在当时是必要的，也是具有前瞻性的正确选择。

问：2011 年，蓝光又进行了一次非常大的调整，叫"全面改革二次创业"。这次改革有着什么样的深远影响？产生了哪些阵痛？

答：阵痛肯定是有的，最难的就是文化观念上的转变。成都本土文化有很休闲的一面——打打麻将，吃吃麻辣烫，很轻松也很舒适。但是随着全国化布局和重组上市推动，蓝光需要以一种更高效的方式前进。

我判断，要想让企业大步向前，有些东西就需要强推。所以我当时提出不换观念就换人，不换脑筋就换人，然后就开始进行大范围的人员调整。逐渐地，整个集团的工作作风和工作效率都开始转变。这个效果是明显的，后来很多投资者和客人到访，经常听到他们说，蓝光不像一个西部的企业，反而更像一个北上广深的企业。

从那时起，我们的目标，就是一定要把蓝光做成一流企业。

迎变者
"创新不是喊口号，坚韧不拔才能真正创新"

的确，蓝光一直在向着一流企业目标迈进。伴随着房地产行业的兴起和繁荣，蓝光踩准了时代节奏，不断发展壮大。经历房地产行业的黄金时代和白银时代，蓝光也进入新的发展阶段，面临新的挑战。

在 2018 年的半年总结会上，杨铿曾说：如果房地产业以前是在高速路上行驶，那么在新的形势和环境下，的确非常像在川藏路上前行，既充满挑战，又有美丽风光。"这就考验驾驶的技术，考验团队的能力和本事。如果你在川藏路开得很好，在这种崎岖的环境中发展得好，成长能力就培养起来了，就会成为你的优势。"

杨铿"驾驶"的技术要领，就是稳健前行，以变迎变。"变是唯一的不变"，在 2019 年年初的年度总结会上，他特别强调了"以变应变"和"以变迎变"的区别：应变是被动应对，迎变是主动出击。

而要做到"以变迎变"，很重要的就是要具有新经济思维和逻辑。这种创新精神，也是当下蓝光转型升级的不竭动力。

【Q&A】

问：2019 年 9 月，蓝光发展启动了上海总部。"上海+成都"双总部运行背后的战略考量是什么？

答：成都是蓝光的起点；上海是一线城市，是中国的经济中心以及国际化大都市，是中国经济高质量增长的引擎。

在很大程度上，上海代表着中国领先的技术、人才、文化和资源。近几年来，上海吸引了各大房企总部纷纷迁入。我们进入"千亿之上"的新征程，要走向全国，也需要借助上海这个平台。

"上海+成都"双总部布局，就是将蓝光眼界、观念向更高的地方看齐，资源、人才向更高的地方聚集。这也是蓝光向一流企业看齐的动作之一。

当然，重要的是，我们每一位高层领导、每一位老总，理念一定要转变，要与上海接轨。这样才能充分发挥上海人才高地的价值，以及国际一线金融、信息和资源高地的价值。

蓝光发展上海总部启动以后，为什么我要来这边办公？就是因为要做到人到心到理念到，不到的一定会调整，包括我自己。

问：2019 年 10 月 18 日，蓝光嘉宝服务在港交所主板挂牌上市。在您看来，蓝光嘉宝服务上市之后将如何发力？

答：嘉宝是我们为蓝光选的一个新赛道。其实物管是个传统产业，嘉宝面临的主要挑战就是，怎样用大数据和现代服务业的理念来武装自己。

我经常对公司的人讲，"海底捞"靠卖火锅做到了 2 000 亿元市值和 90 倍市盈率。为什么？就因为它用最新的体验服务来武装自己，它成功之后，就变成了一个全球知名的独特案例。现在物管行业平均人均管理面积是 4 000 平米，嘉宝 2019 年人均管理面积为 8 000 平方米。那么，2020 年能不能做到人均管理面积 12 000 平方米？如果能做到，嘉宝就有可能成为物管行业的"海底捞"。

嘉宝已经进入资本化市场，H 股资本通道已经打开，上了这个赛道，全员的意识更是要转变。首先是董事长和高管团队的意识转变，然后带动整个企业文化观念向前迈进。

问：从产业布局上，蓝光将如何运作？

答：双轮驱动。也就是说，基于"人居蓝光+生活蓝光"双擎业务模式，高度聚焦住宅地产开发，高度聚焦现代服务业，资本运作与实业经营相结合，并打造生态、文商旅、材料设备、生命科技等成长性新兴产业，按协同化、市场化、资本化、科技化路径运作。

住宅地产和现代服务业，是我们的战略性核心产业。我们扎扎实实推进产品创新、管理创新、运营创新和人力资本的提升，用更多更好的产品去回馈社会，让人们的生活更加美好。嘉宝则通过这次上市，将逐渐发展为领先的现代服务业集团。

归根结底，蓝光将从产品和服务两个层面来实现美好生活的构想。

问：蓝光确定"更懂生活更懂你"的品牌主张，您是怎么理解这句话的？蓝光是如何做到"更懂"的？

答：什么是懂？懂，就是明白人们内心的真正需求，明白更加美好的生活是什么样子的。我觉得，做人居产品，还是要回到创造生活体验的价值上去。我们在做产品设计时，就要做到更懂生活，就是怎样给业主创造价值、创造便利、创造更舒适的生活空间。

因此，更懂生活更懂你，不仅是物理上的一些感受，还要加强体验性，让客户感受到蓝光温度。

问：谈到企业发展，就离不开人才的话题，蓝光是怎么样培养和留住人才的？

答：人才是永远的话题。没有人才，寸步难行。蓝光从创立之初，就非常重视人才体系的搭建。现在，蓝光主要通过"内培外引"的方式来推动人才发展。蓝光内部已经有一套完整的人才机制，这个机制包括薪酬机制、分配激励机制、股权激励机制、合伙人机制、跟投机制和双享机制等。未来蓝光还将加大人才引进和培养的力度。

对人才的重视，从蓝光的企业核心理念就能看出来——客户满意是我们的第一目标，尊重和关心员工的个人利益。

问：蓝光已经稳步前行30年，您怎么理解蓝光的稳健？

答：稳健是企业发展的永恒主题。只有稳健的企业，才能健康发展。就像一个人，挣钱再多，职位再高，荣誉再棒，一旦身体不好，这些跟他又有什么关系？昙花一现而已。永远不能做昙花一现的企业，还得思考如何做百年老店。

企业的稳健是什么？其实就是财务稳健、产业稳健、政治安全、经济安全等。这个我很在乎，蓝光有专门的律师团队和审计团队，为什么？就是为了加强风控。我们的风控和律师是有一票否决权的。一个方案如果律师不同意，风控负责人不同意，那绝对是推不下去的，必须拿回来重新讨论。

另外，我们外部有全球知名的会计师事务所。这些都是我们保障稳健运行的举措。

问：企业要稳健前行，但同时需要创新。以您的经验来看，企业应该如何去创新？

答：其实，很多事情看上去很简单，但很少有人能做到。

在我看来，创新不是无中生有，务实才是前提。创新不能光喊口号，喊口号的创新最后都创不了新。只有扎扎实实地、有方法有策略地，而且是循序渐进、坚韧不拔地推进，才能真正创新。

具体来说，我们要运用新经济逻辑为传统产业赋能升级。为此我做出了十大维度的思考，包括新资本，新产品，法制化、市场化与稳健的战略理念，新商业模式，战略合作伙伴集群，合伙人机制，互联网化，平台化，从产品竞争到产业生态链竞争，新技术。

问：的确，蓝光是创新的、迎变的。在您看来，蓝光30年来"变"和"不变"，各是什么？

答：变是永恒的。社会时时刻刻都在进步，一个季度以前的事儿，一个季度以后来理解都有很多不同，这是当今社会发展的一个主要特征，企业也必须随时代而变。但变也不是乱变，不是没有章法和战略地变，战略一定要清晰。

应变是被动的，迎变是主动的。必须保持迎变的心态，才能在变化来临时一起成长。

而不变的是情怀和梦想，这也是我创业的初心。我想，未来这依旧是我的指引。

大爱者
"没有公益心，决不能称之为企业家"

走进蓝光总部大厅，就能看到一整排公益活动的展板。如果去到杨铿办公室，最引人注目的是写着"慈生我心，善行天下"的横匾。

这八字，是蓝光的公益理念，也是杨铿孜孜不倦的追求。从创立蓝光至今，蓝光已累计为各项慈善事业捐款捐物3.5亿余元。

杨铿相信，一个企业的价值，不只在于它积累的总资产，它能产生多少利润；一个企业家的价值，也不只在于他能创造多少财富，带来多少源源不断的收入，而还有更多的评判标准，如社会责任和家国情怀等。

2018年，杨铿在全国两会上提出"产业扶能+教育扶智"的相关建议，倡导"一技之长"长效脱贫模式。作为三届全国政协委员以及第十三届全国人大代表，杨铿每年在全国两会上都会在民生方面建言献策。

【Q&A】

问：三十年来的公益历程中，您印象最深刻的一件事是什么？

答：记忆最深刻的事发生在汶川大地震那年。2008年年底，我们去灾区给灾民们捐送棉服，看到孩子们在临时搭的帐篷里面上学，冷得发抖。我去摸他们的手，冰凉冰凉的，这让我很心酸。我觉得我们送羽绒服，真是太及时太有用了。

对这个情景我一生都印象深刻，有时候想起来，就觉得这件事做得非常好。

问：这个善举可能并不算大。三十年来，蓝光持续投入公益事业，善举不胜枚举。您做公益的初心是什么呢？

答：公益是出自一种本心。一个人有亿万财富，放在银行收利息都够用了。但还得认真思考马斯洛的需求理论。这笔财富如果不能发挥更大社会价值，挣再多钱又有什么意思？归根结底还是情怀在起作用。

同时我认为，公益也是构建企业家精神的重要属性，没有公益心的企业家，决不能称为企业家。

具备企业家精神的企业家，一定要有仁爱之心、公益之心，这是内在人格的一种外化表现，关乎企业家人格的完整性。如果企业家不是发自内心地践行公益、回报社会，其人格就不完整。

问：为什么在企业家精神中，公益具有这么重要的地位和价值？

答：企业家，要有正确的价值观，有正确的理想和目标，不能以金钱的多少来衡量人与事物的价值。比如，比尔·盖茨先生，在他的领域中取得了巨大的"战绩"，但一直不断地将自己的财富投入大量的公益事业当中。

毕竟，在历史的长河中，一个人的生命只是一瞬间，企业的生命也是有限的。一家企业，不能只有经营目标，还应有社会责任目标。而企业的价值是社会给予的，企业就一定要有社会贡献，在社会需要时，企业和企业家就该义不容辞，就该温暖社会，引导社会。

问：您之前也说过，用公益来引导年轻人的思想意识，用公益为社会树立榜样。在您看来，这是否是公益情怀的一种传承方式？

答：公益如果能成为更多人的一种精神和情怀当然更好；如果不能成为精神和情怀，也应该是价值观中不能动摇的一部分。

通过公益来引导更多的人树立正确的价值观，不管这是不是一种传承，要不要将它定义为是一种传承，都不重要。重要的是，这样做对我们的国家和社会是有意义的。

问：您在全国两会上建言民生问题，可以看着是这样的情怀使然么？

答：正是我多年做公益的经历，让我看到了解决民生问题的迫切性。

比如环保问题。每当看到和想到成千上万的孩子们在中度污染甚至重度污染的空气条件下，还在操场上参加体育运动，就很心痛。尤其是一到冬季，医院中总是极其拥挤，充满黑压压的看病人群。一想到病人、老人和儿童这些弱势人群身处污染的空气，心情就很沉重，深感我国蓝天保卫战任重道远，更是急迫和重要。

问：您怎么看待公共身份和企业家之间的关系？

答：企业最核心、最基本的责任是什么？是解决就业、制造产品、贡献税收。其实，企业做得好，做得稳健，发挥出了社会价值，政府就会信任企业家，人民赋予一定公共身份，这对企业家来说是至高荣誉，也意味着更大的责任。企业家也会更自律，更自觉，有更多的社会担当。

从公益层面来说，一个企业资金多了，多做一些公益，树立起行业标杆，身体力行，就会引导更多的人参与公益，这比书本上那些说教，激励作用更大。

反过来，政府认同你，社会认同你，企业也能得到更好的发展。

浪漫者
"要做一流企业，永远都是在攀登"

山高人为峰。当一个人登高望远，胸怀和眼界足够宽广，就可以寄怀家国天下。

蓝光发展入驻上海总部之后，杨铿做了一个决定，就是组织蓝光高管去对面的国家会展中心看看，为的是开阔蓝光人的眼界，"时时刻刻感受全球领先的科技、领先的人才、领先的文化、领先的企业"。

仰望星空，同时脚踏实地。正如蓝光的品牌主张"更懂生活更懂你"，杨铿又是一个很懂生活的人。

他习惯健身，工作再忙都要抽出时间，一周至少打两次网球；他喜欢摄影，每到深秋时节，总部园区杏树婆娑，都要提醒品牌同事定格美好，进行分享；他擅长写诗，在年会上朗诵自己的得意之作；他也喜欢唱歌，乐意在年会晚宴上一展歌喉……

如同一枚硬币的两面，家国天下是一种情怀，在生活中发现美好、创造浪漫，何尝不是一种情怀呢？

【Q&A】

问：您业余时间，喜欢阅读哪些方面的书籍？

答：工作之余，我会花很大一部分时间读一些管理类、财经类的书籍。我也喜欢文学，会读一些诗歌集、散文集。

问：您喜欢写诗，又有诗人的思想情怀，《向前方》这首诗您想表达的是什么？

答：诗，在某种程度上是最高端的一种文学表现形式。我读大学的时候，梦想是当诗人、当作家。《向前方》这首诗，凝聚了我在创业过程中的很多收获与感慨。

虽然诗歌的文字不复杂，但往往最简洁的文字能表达最深刻的意思。写诗，实际上是把一种心胸抒发出来。

问：您觉得您是一个乐观的人吗？

答：你看我的诗你就知道了。我既面对现实，又永远充满乐观。《向前方》中我写道：华丽的诗篇总是把成就颂扬，真实的生活其实充满了感伤。这是我发自肺腑的感慨，但无论怎样，我始终都很有热情。

问：您总结过十大企业家精神，在您看来企业家最重要的特质是什么？

答：我归纳了企业家精神的十个要点。一是法治化精神；二是底线思维精神；三是创业精神；四是学习与创新精神；五是冒险精神；六是荣誉与责任；七是人才培养和宽容；八是坚韧与信念；九市场化理念；十是专业精神，匠人匠心。

综合来看，我觉得企业家最重要的特质，是有梦想，有情怀，有耐力，有毅力。做企业就像登珠穆朗玛峰一样，随时充满风险，每时每刻都在接受考验——考验你的体能、心智、耐力。要把一个企业做成一流企业，永远都在攀登。

攀登这个词，听起来好像很励志，实际上是让人感到很难、很痛苦的。对企业家来说，有内在的东西在支撑，就是情怀。

问：这么多年来，支撑您走下去的最大动力是什么？

答：这个世界上有很多好的企业，比如通用汽车、洛克菲勒、波音等。每次参观这些企业对我的震撼都很大。为什么欧美能出现这么优秀的企业，中国就不能吗？这是一个内在的很大的激励。中国也有很多优秀的企业家，比如柳传志、任正非、马云、李书福等，他们做出的业绩给我不断的激励。

我相信，一方面走出去大开眼界，一方面企业家相互学习，中国企业也能做到很大很优秀。

问：不是所有的创业都能成功，甚至很少能成功，您是如何看待企业成败的？

答：市场经济下，企业的发展如同八仙过海，每一个成功的企业，都有自己独特的商业模式，不能说谁对谁错。或者只能说，没发展起来的才是错的。托尔斯泰有一句话：幸福的家庭总是相似的，不幸的家庭各有各的不幸。企业也是这样，成功的企业总是相似的，它总有他的特点。不成功的企业，则有各自的不幸遭遇。

总之，还是要不断学习先进经验，不断让企业稳步前行，然后把经验分享出去，从而带动更多的中国企业"走出去"。

问：家国天下的情怀，是否是您人生价值的终极选择？

答：作为芸芸众生中的一员，能够为社会做一些事，我觉得是一种幸福，一种自我价值的实现。杜甫的诗写道：安得广厦千万间，大庇天下寒士俱欢颜。他说的是"天下寒士"，我觉得是"老百姓"。

在我看来，为老百姓创造幸福美好生活，这也是人生的意义。

【手记】

回首看，蓝光这部创业史，既是杨铿个人的人生轨迹，也是中国三十年来经济发展的投影。从创业者杨铿到企业家杨铿，从慈善家杨铿再到心系家国者杨铿，杨铿用自己的经历，向这个时代讲述了一个关于"情怀"的故事，也正是这种情怀，激励着杨铿步步向前，永不言败。

创业初期，杨铿的情怀是追赶时代，实现自我价值；创业有成之时，抗震救灾，扶贫兴教，杨铿的情怀是履行作为企业家的社会责任；现在，蓝光双股上市，抢占全新赛道，拓展发展边界，杨铿的情怀是用产品和服务提升人们的生活品质和生命质量。

正如杨铿 2011 年所写的那首《向前方》：

华丽的诗篇总是把成就颂扬，
真实的生活其实充满了感伤。
勇敢地面对才能激情豪放，
历尽艰辛最能谱写华章。
滚滚日月莽莽苍苍，
走过的历程黯然与辉煌。
成败有道悲喜无常，
无悔生命重在担当。
踏平坎坷横扫迷茫，
山高水远云天翱翔。
行者匆匆青丝染霜，
我心依然壮志激昂。

> 蓝色的信念，
>
> 像智慧和坚韧的灯塔，
>
> 指引着我们——
>
> 向前方。

对于杨铿来说，或许未来将面临更大的挑战，但无论如何，他的情怀始终如一。正如杨铿于 2019 年 1 月写的那首《本色浪漫》：

> 苍茫世界，蹉跎时光。
>
> 青春岁月，斗志昂扬。
>
> 当初年少，热血满腔。
>
> 辗转磨砺，还有锋芒。
>
> 心若累，人最苦，沉重的翅膀。
>
> 刚易折，柔克刚，岁月如歌声嘹亮。
>
> 何惧险，道且长，蓝色畅想。
>
> 人性恶，人性善，本色浪漫！
>
> 创业难，峰回转，日出东方在路上。

杨铿在这首诗的后面写道：

> 企业的发展像一场马拉松，
>
> 勇敢顽强者胜，
>
> 善于思变者胜，
>
> 强者胜，勇者胜，坚韧者胜！

创新创业的奋斗主义精神，心系民生的家国情怀，一如既往、持之以恒地坚守初心和追逐梦想，这何尝不是一种浪漫本色呢？

【杨铿简介】

杨铿（左图），蓝光投资控股集团有限公司董事局主席，四川蓝光发展股份有限公司董事长。

历任第十届、第十一届、第十二届全国政协委员，第九届、第十届、第十一届全国工商联执委会常委。现任第十三届全国人大代表。

中国房地产协会副会长、四川省工商业联合会副主席、四川省川商总会联席会长、四川光彩事业促进会副会长、成都市房地产业协会会长。

1995 年，获评中华工商业联合会"中国十佳优秀民营企业家"；2003 年，获评四川省优秀民营企业家；2006 年，获评中共中央统一战线工作部、中华全国工商业联合会"优秀中国特色社会主义事业建设者"荣誉称号；2008 年，荣获四川省民营经济改革开放三十年突出贡献奖；2009 年，获评中国最具影响力地产人物；2011 年，中华全国总工会"全国五一劳动奖状"获得者；2014 年，获评"实现伟大中国梦建设美丽繁荣和谐四川"先进人士；2016 年，荣获中国商业地产突出贡献奖；2018 年，获评中共四川省委统战部四川省工商业联合会"改革开放四十年四川百名杰出民营企业家"；2018 年，获评中共四川省委四川省人民政府"四川省优秀民营企业家"。